David Haslam · Schlaflose Kinder – unruhige Nächte

DAVID HASLAM

Schlaflose Kinder – unruhige Nächte

Wenn Kinder nicht schlafen können

KÖSEL

Übersetzung aus dem Englischen: Walter Greifenstein, München.
Die Originalausgabe erschien unter dem Titel »Sleepless Children. A Handbook for Parents« bei Judy Piatkus (Publishers) Limited, London.

CIP-Titelaufnahme der Deutschen Bibliothek

Haslam, David:
Schlaflose Kinder – unruhige Nächte : wenn Kinder nicht schlafen können / David Haslam. [Übers. aus d. Engl.: Walter Greifenstein]. – 2. Aufl. – München : Kösel, 1989
(Kösel für Eltern)
Einheitssacht.: Sleepless children ⟨dt.⟩
ISBN 3-466-30280-3

2. Auflage 1989

Gesamtherstellung: Kösel, Kempten
Umschlaggestaltung: Günther Oberhauser, München
Umschlaggrafik: Paul Sample, Shropshire, England
ISBN 3-466-30280-3

Inhalt

Einleitung

Um drei Uhr nachts kann es sehr einsam sein. Sitzt man zu dieser Zeit am Bett eines kleinen Kindes, während es wie am Spieß schreit, bekommt man als Eltern leicht das Gefühl, keiner auf der ganzen Welt müsse soviel erleiden, wie man selbst. Vielleicht scheint sogar der Mond und die Sterne funkeln, für die Eltern eines Kindes, das nicht schläft, werden die Stunden der Dunkelheit jedoch zu einem einzigen Alptraum. Was die Sache noch schlimmer macht ist, daß die Eltern, wenn sie mit verquollenen Augen und völlig erschöpft, Freunden von diesem Problem erzählen, normalerweise nur Ungläubigkeit oder Kritik als Reaktion bekommen. Ungläubigkeit deshalb, weil, wenn sie die Wahrheit erzählten, wie läßt sich dann erklären, daß das Kind gesund, glücklich und putzmunter herumläuft. Und Kritik deshalb, weil jeder – oder zumindest jeder, der nicht so leiden mußte – weiß, daß dieses Problem gar nicht erst auftaucht, wenn man sein Kind »ordentlich« erzieht. Dies genügt, um Eltern an den Rand der Verzweiflung zu bringen.

Natürlich gibt es keine Kinder, »die nicht schlafen«. Alle Kinder kommen zu genügend viel Schlaf. Wenn man als Eltern jedoch Nacht für Nacht aufgeweckt wird, und dies womöglich monatelang, kann man wirklich das Gefühl bekommen, daß das Kind nicht schläft. Das soll keine Entschuldigung für die Übertreibung im Buchtitel sein. Jeder, der das durchgemacht hat, weiß genau was es bedeutet, und es ist eine der wenigen Erfahrungen im Leben, die man nicht wirklich verstehen kann, solange man es nicht selbst erlebt hat.

Unglücklicherweise erweisen sich die meisten Bücher und Artikel, die über dieses Thema geschrieben werden, als wenig einfühlsam und hilfreich. Die Tatsache, daß die meisten dieser Autoren noch nie eine anstrengende Nacht mit einem dieser munteren Geschöpfe verbracht haben, zeigt sich deutlich in der oft bemerkenswerten Nutzlosigkeit ihrer Ratschläge. Viele Eltern, die solche Bücher oder Artikel lesen, fühlen sich am Ende noch unsicherer und mit mehr Schuldgefühlen belastet als zuvor. Eine seltene Ausnahme sind die Autoren, die selbst erlebt haben, über was sie schreiben.

Ich erhebe nicht den Anspruch, ein großer Experte der wissenschaftlichen Erforschung von Schlafstörungen zu sein. Die Wahrheit ist, daß meine Hauptqualifikation, über dieses Thema schreiben zu können, meine Kinder Katy und Christopher sind. Sie ließen meine Frau Barbara und mich oft verzweifeln, wenn sie uns immer wieder um drei Uhr morgens mit ihrem kläglichen Schreien weckten. Je mehr ich über das Thema las, desto bewußter wurde mir seine Vielschichtigkeit und desto mehr Eltern lernte ich kennen, deren Schilderungen sich mit unseren eigenen Erfahrungen deckten. Studien haben gezeigt, daß 20% der Eltern von kleinen Kindern diese Probleme haben, und mir wurde bewußt, daß Zigtausende von Eltern jede Nacht aufwachen und daß unsere Geschichte weiß Gott nicht die schreckliche Ausnahme war, wie ich es einmal geglaubt hatte.

Als ich damit begann, an diesem Buch zu arbeiten, wurde mir klar, daß es viele Eltern enorm beruhigte, wenn sie erfuhren, daß ihr Arzt ein ähnliches Schicksal durchlebt hatte, wie sie selbst. Ich erhielt eine große Anzahl seitenlanger Briefe, in denen Eltern von Kindern mit Schlafstörungen über ihre Erfahrungen mit professionellen Mitarbeitern von Gesundheitsämtern und Sozialarbeitern berichteten. Sie schrieben immer wieder, daß sie das meiste Verständnis und die größte Sympathie von denen bekamen, die das gleiche Schicksal teilten oder geteilt hatten. Eine Frau erzählte, wie sie ihren Arzt mit ihren Problemen überschüttete, und er daraufhin die Frau mit den Schlafproblemen seiner Kinder traktierte. Als sie wegging, wurde ihr klar, daß, verglichen mit seinen schlaflosen Nächten, sie noch nichts erlebt hatte. Die Schulmedizin rümpft über solche Beratungen normalerweise die Nase. Wenn es sich um physische oder psychiatrische Probleme handelt, hat dies auch seine Berechtigung, doch bei einem so alltäglichen Problem kann alleine das Wissen, daß man nicht allein ist und daß sogar der eigene Arzt kein Patentrezept anbieten kann, enorm beruhigend wirken. So erzählte mir eine andere

Mutter: ›Als ich seine Praxis verließ, rief mir mein Arzt noch nach, daß, falls ich etwas finden sollte, was meine Kinder zum Schlafen bringen würde, ich wieder zu ihm kommen sollte, damit er seine eigenen Probleme besser in den Griff bekommen könnte. Ich fand seine Ehrlichkeit enorm wohltuend und hatte großen Respekt vor ihm.‹

Die Gefahr, der Ärzte ausgesetzt sind, die selbst Erfahrung auf diesem Gebiet gemacht haben, liegt darin, daß sie annehmen, die Probleme von allen anderen wären die gleichen wie die ihren. Das aber stimmt nicht. Es gibt viele Typen, Ursachen und Lösungen des Problems der Schlaflosigkeit. Jedes davon muß individuell behandelt werden, obwohl die Frustration und Gefühle, die aus dem Problem resultieren, oft sehr ähnlich sein können. Wichtig ist auch, daß Mitarbeiter von Beratungsstellen herausfinden, was die Eltern unter Schlaflosigkeit verstehen. Zum Beispiel kann es sein, daß eine Mutter jedesmal aus dem Bett springt, wenn ihr Kind leise wimmert, laut in sein Zimmer rumpelt und das Licht andreht, um es dann aufzuwecken. Solch eine Mutter schafft sich ihre Probleme selbst und braucht eine ganz andere Anleitung, als eine Mutter, deren Kind jede Nacht ganz plötzlich aufwacht und brüllt. Unglücklicherweise hatten in der Vergangenheit viele Leute nur den ersten Typus von überängstlichen Eltern im Auge und nahmen an, daß alle anderen Eltern genauso wären. Es überrascht daher nicht, daß sie für die große Menge der Eltern mit durchwachten Nächten keine Sympathie aufbrachten.

Vor Katys Geburt vor sieben Jahren hatte ich mich mit diesem Problem noch nie auseinandergesetzt. Auf der Universität wurde es nicht erwähnt und es ist auch nicht überraschend, daß ich während meiner Arbeit in einem Krankenhaus nie darauf stieß. Wie alle Medizinstudenten hatte ich die Entwicklungsstadien von Kindern gelernt und hatte eher ungenaue Beschreibungen darüber gelesen, wie das durchschnittliche, neugeborene Baby zwischen den Mahlzeiten schläft. Warum hätte ich den Experten nicht glauben sollen?

Katy veränderte dies alles sehr schnell. Sogar als ganz winziges Baby schlief sie kaum am Tag. Sie lag dann immer in der Baby-Wippe und beobachtete meine Frau. In diesem Alter konnte sie zwar den Blick noch nicht richtig fixieren, noch verstand sie ein Wort von dem, was zu ihr gesagt wurde, doch solange sie in unserer Nähe war, war sie glücklich. Ich erinnere mich noch, wie ich einmal nach Hause kam, Katy war erst ein paar Monate alt, und Barbara ihr erzählte, wie man einen Kuchen bäckt. Sie war vollkommen glücklich, wollte aber nie am Tag schlafen. Zwei Lektionen lernten wir schnell: erstens mußten in mindestens einem Fall, bei dem das Kind ansonsten vollkommen normal erschien, die Bücher irren. Und zweitens, was noch interessanter war, war die Tatsache, daß keiner, der uns nicht besuchte, uns wirklich glaubte. Als es um die Nachtschlafenszeit ging irrte sich die Lehrmeinung ebenfalls. Katy wachte, bis sie zwei Jahre alt war, jede Nacht auf, mit einer grandiosen Ausnahme. Wenn sie sich zur Bettzeit nicht beruhigen wollte und schrie, war es sinnlos sie im Bett zu lassen, wie es die Bücher vorschlugen. Ein gesundes Kind kann eine unglaublich lange Zeit brüllen. Wir lebten damals in einer kleinen Wohnung und hätten wir den Rat befolgt, wäre er – selbst wenn er funktioniert hätte – im hohen Maß unsozial gewesen. Stattdessen saßen wir meist vor ihrem Bett und lasen, bis sie endlich einschlummerte. Wenn dies nicht klappte, half meist eine Autofahrt, um sie zum Schlafen zu bringen – bis wir den Motor abstellten! Der einzige Grund, warum ich mich nicht schäme, solche nächtlichen Abenteuer zuzugeben, ist, daß ich soviele andere Eltern getroffen habe, die das gleiche taten, Ärzte eingeschlossen.

Wenn Katy aufwachte und wir beide zu erschöpft waren, nahmen wir sie auch manchmal mit in unser Bett. Sie schlief dort dann herrlich, aber ihr Zappeln ließ meine Frau nicht schlafen, und so war auch das keine Lösung. Das einzige Mal, wo sie die ganze Nacht durchschlief ohne ein einziges Mal aufzuwachen, war bei einem Campingausflug in Schottland, als sie sieben Monate alt war. Es war bitterkalt, aber sie hatte einen warmen Schlafsack und rührte sich die ganze Nacht nicht von der Stelle. Dies war so ungewöhnlich, daß Barbara und ich wachlagen und uns fragten, was denn verkehrt war. War sie gestorben? Atmete sie überhaupt noch? Was war geschehen?

Endlich wachte sie um acht Uhr früh auf, zufrieden und putzmunter. Lange Zeit vermutete ich, daß es die reine schottische Luft

war oder das ungewohnte Campen. Jetzt bin ich mir nicht mehr so sicher. Könnte es nicht auch die Nähe zu ihren Eltern gewesen sein, der sie in unserem winzigen Zelt nicht auskam?
Wir entdeckten darüber hinaus einen weiteren kuriosen Umstand, den die Schulmedizin mir nie gelehrt hatte und die Wissenschaft noch herausfinden muß. Am späten Nachmittag wurde sie offensichtlich immer müde, doch war nach fünf Minuten, in denen sie sich daumenlutschend auf einen Sessel zurückzog, ihre Energie für einige Stunden völlig wiederhergestellt. Dies widerspricht allen Naturgesetzen, geschah aber so.
Kurz vor ihrem zweiten Geburtstag begann sich die Lage schrittweise zu verbessern. Sie schlief zwar nicht gleich ein, aber war zufrieden damit, dazusitzen und alleine Bilderbücher anzuschauen. Auch ihr Aufwachen in der Nacht verschwand nach und nach. Dann wurde meine Frau wieder schwanger. Jeder, einschließlich wir selbst, sagte, daß dies kein zweites Mal geschehen könnte. Katy hatte ja nicht viel geschlafen, doch das neue Baby würde es bestimmt.
Nachdem Katy zum erstenmal sieben Nächte lang durchgeschlafen hatte, wurde Christopher geboren. Er war noch schlimmer. Er war das jämmerlichste, weinerlichste, brüllendste Baby, das man sich vorstellen kann. Jede Nacht wachte er zwei- bis dreimal auf. Jeden Tag verzweifelte Barbara daran, ihn nicht beruhigen zu können. Er haßte seinen Kinderwagen und schrie im Auto. Barbara sagte manchmal zu mir, wenn wir im Bett lagen und ihm zuhörten: ›Geh besser du nochmal hin, ich glaub' ich bring ihn um.‹ Fast alle Eltern, mit denen ich über dieses Thema sprach, kannten dieses Gefühl.
Und wieder fanden wir heraus, daß Christopher gelegentlich ganz vernünftig in unserem Bett schlief, doch wenn Katy dies am Morgen herausbekam, war es unvermeidlich, daß sie die nächste Nacht auch aufwachte, um sich bei uns einzukuscheln. Wir konnten einfach nicht gewinnen. Wir hatten nichts dagegen, wenn sie bei uns waren, aber zu viert in einem Bett, da mußte irgendeiner auf der Strecke bleiben. Meistens lagen Barbara oder ich selbst am nächsten Morgen in Katys Bett.
Am Tag wurde es schlagartig besser, als Chris sieben Monate alt wurde und laufen lernte. Er wurde lustig und endlich machte er

uns richtig Spaß. Zu dieser Zeit fuhren wir zum Campen nach Frankreich, und ich hatte zum ersten Mal das Gefühl, es kann von Vorteil sein, ein »schlafloses« Kind zu haben. Um fünf Uhr morgens wachte Chris auf und »sang«. Wir waren auf einem überfüllten Campingplatz, wo solche Aktivitäten kaum auf positive Resonanz stoßen. So zogen wir uns beide an und ich nahm ihn mit zu einem Erkundungsgang an den verlassenen Stränden des sonnigen, frühmorgendlichen Frankreichs. An anderen Tagen gingen wir los und sahen den Fischerbooten zu, wie sie heimkehrten und setzten uns dann in ein Fischercafe, wo ich eine große Tasse Kaffee trank und die Einheimischen beobachtete. Sie müssen mich für verrückt gehalten haben. Welcher Mensch, der noch ganz richtig im Kopf ist, nimmt ein sieben Monate altes Baby zu dieser Tageszeit zum Spazierengehen mit? Der Vater eines »schlaflosen Kindes« natürlich.
Als Katy und Christopher älter wurden, verbesserte sich die Situation etwas. Der Kindergarten half, sie müde zu machen und schließlich war das Problem verschwunden. Oft liegen sie noch stundenlang wach, lesen oder singen, aber wenn sie dabei zufrieden sind, macht es uns nichts aus. Christopher ist gerade fünf geworden und letzte Woche ging er zum erstenmal nachts auf die Toilette und hielt es nicht für nötig, auf dem Rückweg bei uns vorbeizuschauen, um uns zu sagen, daß er jetzt fertig sei. Wir waren sehr dankbar, obwohl wir ihn natürlich trotzdem gehört hatten.
Während der Zeit, in der unsere zwei Kinder nicht schliefen, hörte ich von mehr und mehr Eltern, die das gleiche Problem hatten, sich aber isoliert und erschöpft fühlten. Allmählich realisierte ich, wie groß das Problem eigentlich war. Dieser Eindruck verstärkte sich dann noch, als ich einige exzellente Forschungsberichte über dieses Thema las, von denen ich viele ausführlich in diesem Buch zitiere.
In dieser Phase schrieb ich einen kurzen Zeitschriftenartikel über dieses Problem, und in den darauffolgenden Wochen erhielt ich eine große Anzahl von wirklich ergreifenden Briefen, die von erschöpften Eltern geschrieben waren. ›Ich glaube das alles nicht‹, schrieb eine Mutter, ›ich hab bis heute nicht geglaubt, daß irgendeiner schlaflose Nächte ernst nehmen würde.‹ Die Briefe,

oft bis zu zehn, engbeschriebene Seiten lang, machten mir die Spitze des Eisbergs klar, die meine persönliche Erfahrung darstellte. Ich habe das ganze Buch hindurch diese Briefe ausführlich zitiert und bin ihren Autoren sehr dankbar. Fast jeder Brief endete mit der Bemerkung, daß der Schreiber des Briefes sich erleichtert fühlte, sich die Sache endlich von der Seele geschrieben zu haben, und ich hoffe, daß diese Erleichterung lang anhielt. Auch Sie wissen nun, daß Sie nicht allein sind.

Das ganze Buch über spreche ich von der Mutter, und nicht von der Mutter und dem Vater, wenn von den Eltern die Rede ist. Dies hat zwei Gründe: erstens ist es kürzer und zweitens schrieben mir mehr Mütter als Väter, und mehr Mütter stehen auch in der Nacht auf, wenn das Kind schreit. Das bedeutet nicht, daß ich damit sagen möchte, das Erziehen von Kindern wäre nur die Aufgabe der Mütter. Kindererziehung geht beide an, und wenn man die Freuden miteinander teilt, muß man das auch mit den Problemen tun.

In der Praxis sah das in unserer Familie so aus: wenn Christopher in der Nacht aufwachte, taten Barbara und ich oft so, als ob wir schlafen würden, während jeder von uns merkte, daß der andere auch nur so tat. Schließlich gab einer von uns dann doch nach und der andere drehte sich wieder um und tat so, als ob er gerade aufgewacht und eigentlich bereit wäre, aufzustehen. Es ist leicht, so edelmütig zu erscheinen, wenn man weiß, daß der Partner bereits aufgestanden ist! Genau aus diesem Grund widme ich dieses Buch all denjenigen Eltern, die die Frustration kennen, zum wiederholten Male in einer kalten, dunklen Nacht aufzustehen, um das Kind zu beruhigen. Ich weiß, wie Sie sich fühlen.

Ich werde in diesem Buch die verschiedenen Typen von Schlafstörungen beschreiben und sie mit den Erfahrungen von Leidtragenden illustrieren. Außerdem werde ich versuchen, so gut wie möglich zu erklären, wie diese Probleme entstehen können. Ich werde Vorschläge anbieten, die Ihnen vielleicht helfen mögen, damit besser umgehen zu können. Manche werden Sie schon ausprobiert haben, einige erscheinen einleuchtend, andere obskur. Trotzdem werde ich soviele Faktoren wie möglich erwähnen, in der Hoffnung, daß sie etwas zur Klärung beitragen. Schließlich werden viele Vorschläge darunter sein, von denen

Sie noch nichts gehört haben und die Sie einmal ausprobieren können.

Vielleicht finden Sie heraus, daß es tatsächlich zu einem Teil an Ihrer Organisation des Alltags mit den Kindern liegt, weshalb die Probleme entstehen, aber möglicherweise finden Sie auch heraus – was häufig passiert – daß Ihr Kind schlecht schläft, obwohl Sie alles richtig machen.

Am Ende des Buches werden Sie fast jedem Aspekt des Problems von »schlaflosen Kindern« begegnet sein, und hoffentlich für sich eine Antwort gefunden haben. Wie auch immer, Sie werden zumindest feststellen, daß Sie ganz sicher nicht allein mit Ihren Schwierigkeiten sind. Es gibt sehr viel mehr Menschen, die wissen, wie Sie sich fühlen, als Sie vielleicht bisher geglaubt haben.

Teil 1
Schlaf und Schlaflosigkeit

Kinder, die nicht schlafen – Wer ist der Leidtragende?

Es scheint nie aufzuhören. Man glaubt nicht, wie einen das schlaucht. Jede Nacht geht man zu Bett und weiß schon genau, daß die Nacht nicht ungestört sein wird. Man liegt da und wartet, daß es anfängt zu schreien. Dein Schlaf wird unregelmäßig. Selbst wenn man mal für ein paar Stunden fest schläft, ist man immer noch so frustriert von dem ganzen, daß man nicht richtig entspannen kann. Ich hätte immerzu heulen können.

Mutter eines zwei Jahre alten Kindes

Es ist zu schade, daß Babys keine Bücher lesen. Noch betrüblicher ist es, daß sie nicht wissen, wie spät es ist. Wenn sie etwas von den neuesten Theorien über die Voraussetzungen für einen guten Schlaf lernen würden, bevor sie an ihre Familien abgegeben werden, würde das Problem Schlaflosigkeit nicht auftreten. Unglücklicherweise wissen sie, wenn sie ankommen, nicht, was von ihnen erwartet wird und es ist ihnen leider auch nicht bewußt, daß die Familie sich ihnen anpassen muß und nicht umgekehrt.
Tatsache ist, daß die meisten Experten darüber einer Meinung sind, daß Babys und Kleinkinder fast immer genug Schlaf bekommen. Ärzte machen sich selten darüber Sorgen, wieviel Schlaf ein Kind bekommt, als vielmehr wieviel Schlaf die Eltern bekommen. Wenn Ihr Kind zwanzigmal in der Nacht aufwacht, aber nicht schreit oder Sie aufweckt, und ansonsten glücklich und gesund ist, gibt es kein Problem. Wenn es jedoch nur einmal in der Nacht aufwacht, und sich erst dann beruhigt, wenn Sie aufstehen und zu ihm hingehen, dann können Sie wirklich das Gefühl bekommen, daß sie ernste Schwierigkeiten haben. Dieses

Buch wendet sich deshalb an alle Eltern, die über die Schlafgewohnheiten ihres Kindes unglücklich sind. Sie werden beim Weiterlesen herausfinden, daß Sie sich eigentlich keine großen Sorgen machen müssen. Und dann kann das Problem bereits aufgehört haben zu existieren, obwohl der Schlaf Ihres Kindes gleich geblieben ist. Ich will jetzt keine präzisere Definition eines »schlaflosen Kindes« liefern. Wenn Sie das Gefühl haben, Sie hätten eines, lesen Sie bitte weiter.

Bezogen darauf, wieviel Schlaf sie zu brauchen scheinen, sind Kinder enorm unterschiedlich. So wurde zum Beispiel geschätzt, daß rund ein Viertel aller Vorschulkinder immer noch nachts aufwachen (siehe Seite 40ff.). Trotzdem wird man kaum einen Erwachsenen treffen, der darunter gelitten hat, daß er oder sie als Kind zuwenig Schlaf bekommen hat. Manche Kinder schlafen zufrieden die ganze Nacht hindurch und legen noch einen zusätzlichen Mittagsschlaf von ein bis zwei Stunden ein, während andere in der Nacht nur ein paar Stunden »am Stück« schlafen und auch selten einen Mittagsschlaf benötigen. Trotz der Unterschiede wachsen beide Typen von Kindern in gleicher Weise gesund, glücklich und munter auf. Wenn Kinder ihrem eigenen Rhythmus überlassen werden könnten und nicht die Betreuung von Erwachsenen bräuchten, würde sich niemand wirklich darüber Sorgen machen, ob sie schlafen oder nicht.

Wenn Probleme auftauchen, haben sie fast immer die Ursache, daß die Eltern eines »schlaflosen Kindes« ihren Schlaf zu einer Zeit benötigen, die dem Kind nicht paßt. Das Kind realisiert nicht, daß es unsozial ist, um drei Uhr morgens aufzuwachen und spielen zu wollen. Wenn die Eltern ihr Leben so anpassen könnten, daß sie wach wären, wenn das Kind wach ist, und sie schlafen würden, wenn das Kind auch schläft, würde das Aufwachen des Kindes keine Probleme bereiten. Die Tatsache, daß Erwachsene nach der Uhr leben, die – zumindest zu Anfang – für das Kind bedeutungslos ist, läßt den Streß aufkommen. Zum Beispiel war die Mutter, die wir am Anfang dieses Kapitels zitierten, immer um elf Uhr abends ins Bett gegangen, bevor ihr Kind geboren wurde. Sie las noch eine Viertelstunde und schlief dann friedlich bis halb acht Uhr in der Früh. Das war ihre Gewohnheit und sie mochte es so. Wenn sie so schlief, fühlte sie

sich frisch und energiegeladen und konnte der Welt mit Zuversicht ins Auge blicken.
Als Michael, ihr erstes Baby da war, war diese Gewohnheit vollständig unterbrochen. Er ging meist widerwillig um sieben Uhr abends ins Bett, wachte um elf Uhr wieder auf und wollte spielen, seine Mahlzeit oder einfach nur in den Arm genommen werden bis Mitternacht. Wenn er dann schließlich wieder eingeschlafen war und seine Mutter es auch fertiggebracht hatte, ins Bett zu gehen – müde und mit Groll – wurde ihr Schlaf um halb drei Uhr erneut gestört, und schließlich um sechs Uhr war die Nacht für beide vorbei. Michael ging es prächtig. Sie war am Boden. Müde und frustriert sinnierte sie den ganzen Tag darüber, was eigentlich schiefgelaufen sei.
Michaels Beispiel zeigt viel von den verschiedenen Typen von Schlafstörungen, die ich in den späteren Kapiteln ausführlich untersuchen werde. Die Hauptschwierigkeiten, mit denen die Eltern zu kämpfen haben, fangen mit der Abneigung der Kinder an, ins Bett zu gehen und gleich einzuschlafen. Genauso anstrengend ist ein Kind, das während der Nacht immer aufwacht, oder dessen Schlaf auf andere Weise gestört wird, z. B. durch Schlafwandeln oder Alpträume. Schließlich gibt es Kinder, die wesentlich früher aufwachen, als es ihre Eltern wünschen. Jedes dieser Muster bringt seine eigenen Probleme mit sich und stört das Familienleben auf eine besondere Art.
Schlafstörungen beschränken sich aber nicht nur auf kleine Babys. In einer sehr gründlichen Studie interviewten John und Elizabeth Newson die Eltern von über 700 einjährigen Kindern in Nottingham. In einem besonders wichtigen Abschnitt berichten sie, daß 35% der Mütter angegeben hatten, sie wären in der Nacht vor dem Interview aufgeweckt worden, und in fast allen dieser Fälle hätte auch einer der Eltern aufstehen müssen, um nach dem Kind zu sehen. Fünfunddreißig Prozent! Das sind ziemlich viele müde Eltern. Fast noch interessanter ist die Tatsache, daß nach dieser Studie 16% der Babys regelmäßig jede Nacht aufwachen.
Die Ergebnisse der Newson-Studie stehen nicht isoliert da. Fast jede Untersuchung über kindliches Verhalten streicht das Schlafproblem als besonderen Sorgenfaktor für die Eltern heraus. Eine

Studie, die von Psychologen der Cambridge Universität 1973 durchgeführt wurde, kam zu dem Ergebnis, daß das ständige Aufwachen in der Nacht das größte Problem für die Eltern von vierzehn Monate alten Kindern darstellte. Als Allgemeinarzt war ich natürlich davon beeindruckt, wie häufig Eltern ihre gestörten Nächte erwähnten. Die ausführliche Studie einer schottischen Allgemeinpraxis zeigte auch, daß vier von zehn Kindern, im Alter zwischen sechs Monaten und fünf Jahren, irgendeine Form von Schlafproblemen hatten. Glücklicherweise verschwindet das Problem im Alter von fünf Jahren mehr und mehr, obwohl es dann immer noch Ausnahmen gibt. Viele Kinder, die älter als fünf Jahre sind, wachen zwar noch immer auf, aber sie sind dann alt genug, sich selbst ein Buch zu holen oder mit Spielzeug zu spielen. Wenn man Glück hat, so haben sie bis dahin genügend soziales Fingerspitzengefühl entwickelt, daß sie ihre Eltern schlafen lassen.

Ohne Zweifel sind Schlafprobleme weit verbreitet. Es erstaunt daher besonders, wie isoliert und allein sich die meisten leidtragenden Eltern fühlen. Als ich damit begann, an diesem Thema zu arbeiten, bekam ich eine Flut von Briefen. In einem typischen ersten Absatz war zu lesen: ›Es hat mich so gefreut, als ich las, daß ich nicht die einzige Person auf der Welt mit einer Horrortruppe bin, die mich mehrmals in der Nacht aufweckt.‹ Und ein anderer schrieb: ›Das schlimmste daran war, daß wir glaubten, wir wären die einzigen.‹ Und in einem anderen Brief war zu lesen: ›Als ich von Ihrer Untersuchung las, war ich sehr erleichtert. Ich glaubte nicht, daß jemand anderes diese Probleme hatte.‹

Ein besonders bewegender Brief beschrieb die nächtliche Frustration, wieder und wieder aufgeweckt zu werden und sprach von der Überzeugung, daß wohl niemand sonst solche Schwierigkeiten haben könnte. Die Intensität dieser Erfahrung beschreibt der erste Abschnitt dieses Briefes sehr eindringlich: ›Als ich von Ihrem Forschungsprojekt gehört hatte, wurden in mir Erinnerungen wach – nach so vielen gestörten Nächten, die auch in 15 Jahren kaum verblaßt waren –, daß ich Ihnen unbedingt schreiben mußte.‹ Dies ist mehr als nur eine Erfahrung. »Schlaflose Kinder« kann man nicht einfach als eine vorüberge-

hende Störung betrachten, obwohl das Problem selbst ja glücklicherweise letztendlich verschwindet. Die Erinnerung daran kann jedoch noch lange Zeit sehr lebendig sein.
So erzählte mir eine Mutter: ›Das Schlimme daran ist, daß es einen Schneeballeffekt hat. Die ersten paar Wochen lassen sich aushalten. Man hat ein neugeborenes Baby und erwartet, daß es ein bißchen rundgeht. Du bist noch optimistisch und alle deine Freundinnen und Freunde sagen, »mach dir keine Sorgen, es wird sich bald beruhigen.« Die Wochen verstreichen und es beruhigt sich nicht. Du wirst müde und schlechtgelaunt. Du bist zu müde für Sex und die Zeit, in der du im Bett liegst, ist sowieso viel zu kostbar, um sie mit Sex zu vergeuden. Du möchtest nur schlafen. Du fängst an, sehr gereizt auf das Baby und deinen Mann zu reagieren. Mein Mann schläft immer durch und kann das Problem gar nicht verstehen. Er riet mir nur, wegen der Sexgeschichte zum Arzt zu gehen, aber es war doch nur der Schlaf, alles, was ich brauchte, war ein erholsamer Schlaf.‹
Diese Frustration kann zu einem bestimmenden Faktor im Leben werden. Es ist schlimm genug, nicht schlafen zu können. Doch Freunde zu haben, deren Kinder keine Engel sind und friedlich und ungestört von sechs Uhr abends bis sieben Uhr früh schlafen, kann die reinste Tortur sein. Oder wie dieselbe Mutter es ausdrückte: ›Was alles noch schlimmer macht, ist, immer wenn man sich über die kleinen Monster beschwert, daß sie nicht schlafen, laufen sie wie der reinste Sonnenschein herum und lassen dich wie einen Lügner erscheinen. Man kann es den Freunden ansehen, wie sie denken, »so eine Übertreibung, kein Kind, das so glücklich ausschaut, liegt nachts wach und schreit die ganze Zeit«. Sogar der Arzt, bei dem ich war, sagte, daß es dem Kind gut ginge und ich mir keine Sorgen machen müßte. Sah er nicht die Ränder unter meinen Augen? Ich hätte weinen können.‹
Für einen Außenstehenden mag das Kind selbst gar nicht als großes Problem erscheinen. Es wacht vielleicht nur für einen kurzen Moment auf, aber das kann schon ausreichen, um die Eltern auf das empfindlichste zu stören. Ich erinnere mich daran, wie ein Vater mir erzählte: ›Es ist nicht so, daß Jenny stundenlang wachliegt. Sie ist eigentlich ganz brav. Wenn wir aufstehen und zu ihr hingehen, schläft sie auch in ein paar Minuten wieder ein.

Die Schwierigkeit liegt nur darin, daß *wir* das nicht tun. Wenn wir einmal wach sind, können weder meine Frau noch ich so leicht wieder einschlafen. Wenn wir dann doch einschlafen, dauert es oft nur eine Stunde, bis Jenny wieder eine ihrer Wachphasen hat und wir wieder aufstehen müssen. Das macht einen verrückt.‹ Im vierten Teil des Buches werde ich verschiedene Möglichkeiten aufzeigen, wie man diese Qualen am besten überstehen kann.

Nicht nur die Eltern sind die Leidtragenden. Andere Kinder in der Familie können vom Lärm in den frühen Stunden ebenso gestört und frustriert werden. Es ist schlimm genug, wenn der Krach durch den Gang schallt. Wenn er sich aber im selben Zimmer abspielt, hört sich der Spaß auf. Es ist unvermeidlich, daß Brüder und Schwestern unter der erhöhten Spannung leiden, die in der Familie herrscht und deren Ursache die erschöpften Eltern sind. Die Kinder werden dann für kleine Vergehen plötzlich angeschrieen, nur weil die Geduld der Eltern sich schließlich erschöpft hat. Sie sind selten alt genug, um zu verstehen, was los ist. Sie fragen sich nur, warum sie für ein bißchen verkleckertes Ei plötzlich angebrüllt werden. Das kann einfach nicht gerecht sein. Da verwundert es einen nur wenig, daß neugeborene Babys nicht immer uneingeschränkt von ihren älteren Geschwistern willkommen geheißen werden.

Nachbarn können das gleiche Gefühl entwickeln. Wenn man auf dem Land in einem Haus mit dicken Mauern lebt, bleibt einem dieser Aspekt der Schlaflosigkeit bei Kindern erspart, doch die Mehrheit der jungen Familien lebt heutzutage in Häusern und Appartments mit Wänden wie Papier. Das Gefühl der Peinlichkeit, wenn man sich vorstellt, daß die ganze Nachbarschaft beim eigenen »Versagen« zuhört, kann überwältigend sein. Carol, die Mutter eines sehr unruhigen neunzehn Monate alten Buben, erzählte mir dazu: ›Du glaubst, jeder hört dir zu. Immer, wenn Simon aufwacht, bin ich mir sicher, daß die ganze Nachbarschaft ihn hören kann. Ich kann den Gedanken nicht ertragen, daß jeder aufgeweckt wird. Sicher liegen sie da und verfluchen mich jede Nacht. Wenn ich Kilometer von allen entfernt wäre, würde mich sein Schreien nur halb so aufregen. Es klingt halt so ohrenbetäubend in diesen frühen Stunden.‹

Der Schlaf am Tag, oder besser sein Mangel, kann ebenso Probleme verursachen. Das Quantum Schlaf, das Kinder am Tag benötigen, ist von Kind zu Kind äußerst verschieden. Obwohl dieses Buch hauptsächlich die Probleme des nächtlichen Schlafs behandelt, gibt es keinen Zweifel daran, daß Eltern, deren Kinder am Tag kaum schlafen, auch beträchtliche Schwierigkeiten haben können. Und ebenso diejenigen, deren Kinder sich nicht an einen routinemäßigen Tagesablauf halten. Erwachsene tendieren dazu, ihr Leben nach der Uhr auszurichten. Der Ablauf ist festgelegt. Mittagessen ist um eins, Abendessen um sieben. Die Kinder werden mittags von der Schule abgeholt. Das kleine Kind hat davon keine Vorstellung. Statt sich rücksichtsvoll zu einem Nickerchen zurückzuziehen, während Mama das Mittagessen bereitet, besteht es darauf, daß die Mutter mit ihm spielt, die dann versucht, mit einer ihr noch zur Verfügung stehenden Hand die Kartoffeln zu schälen – keine leichte Aufgabe. Wenn sie außer Haus gehen muß, schläft es in seinem Bettchen ein. Andere Kinder haben darunter auch zu leiden. Das wache, fordernde Baby hindert seine Mutter wirkungsvoll daran, mit den Geschwistern zu spielen, was Schuldgefühle auf der einen und Eifersucht auf der anderen Seite verursacht.

Alles in allem ist uns nun der Katalog von Problemen geläufig. Das Kind schläft nicht zu den passenden Zeiten. Die Eltern werden müde. Die Müdigkeit schlägt in Spannung, Frustration und Schuld um. Das Sexualleben verschwindet fast vollständig. Tatsächlich erwähnt ein großer Anteil von den Briefschreibern, die Auswirkungen der schlaflosen Nächte auf das Sexualleben. Eine Mutter beschrieb diesen Effekt sehr schön: ›Abgesehen von der Wut und den Aggressionen, mit denen die Eltern zu kämpfen haben, wenn ihr Schlaf ständig unterbrochen wird – ich habe das immer mit einer Art Gehirnwäsche verglichen – gibt es da noch das Sexproblem, das das ganze Faß noch zum Überlaufen bringt. Natürlich ist es schwer, ein freies, offenes, spaßmachendes, harmonisches und abenteuerlustiges Sexualleben zu haben, wenn man ständig vom Getrappel kleiner Füße unterbrochen wird. Das Problem ist sehr delikat. Würden die Krankenkassen nur vier freie Wochenenden weg von zu Hause

für Eltern mit kleinen Kindern bezahlen, würde sich die eheliche Harmonie ganz enorm verbessern.‹
Es kann sicherlich nicht bezweifelt werden, daß ein »schlafloses Kind« eines der wirkungsvollsten Verhütungsmittel der Welt ist. Der Druck, der dadurch auf der Ehe lastet, ist enorm und ich kenne einige Familien, bei denen die Erschöpfung und die Frustration wiederholter schlafloser Nächte eine der Hauptgründe für das Scheitern der Ehe darstellten. Natürlich ist es unvermeidbar, daß das Kind auf die wachsenden Spannungen reagiert und noch schlechter schläft. Ein verhängnisvoller Teufelskreis.
Es verwundert übrigens nicht, daß schlechter Schlaf bei Kindern oft Auslöser dafür ist, daß Eltern ihr Kind schlagen. Wenige Eltern können so etwas entschuldigen. Doch noch weniger Eltern haben beim Anblick ihres schreienden Kindes, nachdem sie es zum fünften Mal um drei Uhr morgens beruhigt hatten und es wieder aufgewacht war, als man sich auf leisen Sohlen davonschleichen wollte, nicht schon mal die Lust verspürt, es zum Fenster rauszuwerfen und endlich Frieden zu haben. Alle Eltern können solche Gefühle verstehen und die große Mehrheit tut ihren Kindern nie etwas an. Trotzdem können sich solche Gefühle aufstauen. Sally, eine Mutter von drei »schlaflosen Kindern« unter fünf, schrieb über ihre Gefühle ihrer ältesten Tochter gegenüber folgendes: ›Es ist nicht nur, daß ich mit schlaflosen Nächten zu kämpfen hatte, sondern ich mußte auch mit meinen Haßgefühlen gegenüber meiner Kleinen kämpfen. Ich mußte etwas tun. Ich brachte sie mindestens sechsmal zum Krankenhaus und tat so, als wäre etwas nicht in Ordnung oder sagte, sie hätte einen Anfall gehabt. Die Wahrheit war, daß ich meine Tochter als häßliches und böses Monster sah, das mein Leben ruinierte, und ich haßte sie fast ebenso sehr, wie ich sie liebte.‹
Eltern, die ihrem Kind tatsächlich Verletzungen zufügen, haben oft andere, sehr schwerwiegende Probleme und sie besitzen nicht die Sicherheitsventile, die andere Eltern verwenden. Schlechter Schlaf kann ein Hauptfaktor sein. Eltern, die ihre Kinder mißhandeln, setzen oft übersteigerte und unrealistische Erwartungen in das Verhalten und die Entwicklung ihrer Kinder und halten sie

dann für abnormer, als sie tatsächlich sind. Solche Eltern sind gewöhnlich sehr fordernd und rigide, und so ist in diesen Familien das Durchbrennen der Sicherung fast unvermeidlich, wenn sich beim Kind Schlafstörungen zeigen. Diejenigen, deren Sicherungen etwas länger halten wissen zumindest, welche Gefühle im Spiel sind. Raymond Castle, der Beauftragte für Kindsmißhandlungen für die englische »Gesellschaft zur Prävention von Gewalt an Kindern« erzählte mir, daß schlaflose Nächte besonders bei Eltern der Mittelschicht als besondere Frustration empfunden werden, wenn professionelle Beratungsstellen es versäumen, den Ernst des Problems anzuerkennen und die Eltern stattdessen mit irgendwelchen Sprüchen abspeisen.

In einem Ratgeber, der sich an Familien richtete, die mit dem Problem von Kindsmißhandlungen zu tun haben, steht folgende Bemerkung: ›Es kommt bei allen Eltern einmal der furchtbare Moment, wo sich die Liebe und der Wunsch, für das Kind zu sorgen, mit unglaublicher Enttäuschung, Wut und sogar Haß mischt.‹ Es überrascht nicht, daß es so viele mißhandelte Kinder gibt, sondern eher, daß es nicht mehr sind.

Glückliche Familien brauchen Eltern, die ihren Schlaf bekommen. Eine Mutter aus Manchester drückte ihre Gefühle sehr klar aus: ›Schon als Thomas ein Jahr alt war, waren wir vom Thema Schlaf wie besessen. Sogar in unseren eigenen Familien fanden sie uns unerträglich langweilig, weil wir von nichts anderem mehr reden konnten. Wir beschlossen, daß, wenn Kindererziehung so aussieht, wir darauf pfeifen konnten. Mein Mann ließ sich sterilisieren, bevor Thomas zwei Jahre alt war.‹

Der letzte Satz drückt sehr viel aus. Es ist tragisch, daß ein solches Problem so starke Gefühle entstehen läßt. Wenn nur mehr Menschen einsehen würden, wie alltäglich ihre Erfahrungen sind und wie normal ihre emotionalen Reaktionen von Enttäuschung und Versagen sind, stünde das Elternsein in einem weitaus realistischeren und ehrlicherem Licht. Aber wie die Sache aussieht, ist die Einstellung der Gesellschaft zur Kindererziehung manchmal unverständlich. Es ist mir schon immer sehr merkwürdig vorgekommen, daß wir ein Baby, das keine Probleme macht, als »braves« Baby bezeichnen. Wenn es die ganze Nacht schläft, nie mit Essen herumwirft, nie die Katze verprügelt, nie seine Finger in die Steckdose steckt und sich nicht mit Milch vollspuckt, dann ist es ein perfektes Kind. Wahrscheinlich wäre die Krönung eines »braven« Babys – nach der Standarddefinition – ein Baby, das fast die ganze Zeit bewußtlos ist. Die Tatsache, daß ein Kind alles andere als »brav« ist, und sich doch völlig normal entwickelt, scheint beim Gespräch in Mutter-Kind-Gruppen oder beim Kaffeeklatsch nur sehr wenig zu zählen. Das eher langsame, schwunglose, müde und apathische Baby wird als »ach so lieb« und »kein bißchen mühevoll« angesehen. Das neugierige, launenhafte, Unheil anrichtende, »helle« Kind macht viel mehr Probleme. Es macht mich immer traurig, wenn Mütter auf die Frage ›Ist es ein braves Kind‹ antworten: ›Ja es ist wunderbar. Ich merke fast gar nicht, daß es da ist.‹

Es gibt noch eine andere unglückselige Konsequenz dieser Einstellung. Wenn die Gesellschaft behauptet, daß ein Kind, das die Nacht durchschläft, »brav« ist, verwundert es kaum, daß viele Eltern zu dem vermeintlichen logischen Schluß kommen, daß ihr Kind, das nicht schläft, ein »schlechtes« Kind sein muß oder sie »schlechte« Eltern. Sie fühlen sich dann nicht nur müde und erschöpft, sondern noch schuldig und unfähig obendrein. Wie wir immer wieder in diesem Buch feststellen werden, nehmen Eltern den Rat von anerkannten Experten in der Regel nicht an. Meistens sagen sie, wenn sie beschreiben wollen, wie sie an ein Problem herangehen, ›natürlich, ich weiß, daß es falsch ist, aber...‹ Mag er auch vom größten Experten stammen, wenn ein Rat falsch klingt und weder dem gesunden Menschenverstand entspricht noch sehr menschlich ist, dann muß es auch ein schlechter Rat sein. Vielen Eltern werden unrealistische Schlafzeiten genannt und oft ist der Rat, wie sie ihr Problem lösen könnten, nicht effektiv und die Eltern wundern sich, daß sie immer noch müde und abgespannt sind.

Eine Mutter schrieb mir und nannte eine Reihe von Büchern, die sie zur Kindererziehung gelesen hatte und sagte über den Wert der Ratschläge folgendes: ›Jetzt bin ich mir ganz sicher, daß alles Unsinn ist, obwohl ich zugeben muß, daß ich und andere Freunde es zu einem bestimmten Zeitpunkt ernst nahmen. Ich hatte nur Schuldgefühle und meine Freunde hielten uns immer davon ab, nach der Hilfe zu suchen, die wir brauchten.‹

Es gibt keine immer gültigen Antworten auf Schlafprobleme. Keiner kann die Gewähr dafür geben, daß die einzelnen Methoden bei Ihrem Kind funktionieren. Jedes Kind, jeder Vater und jede Mutter sind verschieden. Manche Ratschläge, die ich anbiete, passen vielleicht nicht zu der Art, wie Sie Ihr Kind erziehen. Wenn dem so ist, und wenn Sie die Gründe für Ihre Entscheidung und meines Vorschlags verstehen, dann haben Sie keine Angst, Sie machen etwas falsch. Schließlich kennen Sie Ihr Kind am besten.

Normaler Schlaf

Schlaflose Nächte können, wie wir gesehen haben, Eltern enorme Probleme bereiten. Eine Betrachtung von Schlafstörungen beinhaltet notwendigerweise auch das, was man unter »normalem« Schlaf versteht, und viele Eltern wollen eine Anleitung haben, wie lange ihr Kind im jeweiligen Alter schlafen sollte.

Es gibt darüber viele Bücher und Artikel mit Tabellen und Listen, die klare Anleitungen darüber geben, was »normal« ist. Diese Tabellen haben den Vorteil der Vereinfachung. Viele Leute finden es gut, wenn ihnen in bezug auf Kinderpflege feste Regeln aufgezeigt werden, an die sie sich halten können. Wenn sie lesen wie es in einem populären Ratgeber für Eltern steht – daß ein sechsjähriges Kind im Durchschnitt zehn Stunden schlafen sollte, haben sie zumindest einen festen Anhaltspunkt, an dem sie ihr eigenes Kind messen können. Wenn ihr Kind sich an diese Regeln hält, können sie vollständig zufrieden sein. Das Leben ist aber nicht so einfach. Was ist, wenn ihr Kind nicht das tut, was im Buch steht? Eltern lassen sich leicht verunsichern, wenn ihr Kind nicht mit den Durchschnittswerten übereinstimmt. Sie glauben dann, entweder ist mit ihrem Kind oder mit ihrer Erziehung etwas nicht in Ordnung. Dieses Phänomen tritt in vielen Bereichen der Entwicklung eines Kindes auf. Es ist deshalb sehr wichtig, daß Sie jeder Äußerung zu diesem Thema mit einer goldenen Regel im Kopf begegnen: Vorsicht vor dem Durchschnitt!

Wenn sie beispielsweise lesen, daß ein Kind im Durchschnitt im Alter von dreizehn Monaten drei Schritte läuft, bedeutet das, daß 50% der Kinder vor diesem Zeitpunkt, und 50% der Kinder danach das Laufen lernen. Etwas anderes bedeutet es nicht. Unglücklicherweise führt das auch dazu, daß die Hälfte aller Eltern glaubt, ihr Kind sei unwahrscheinlich begabt und die andere Hälfte macht sich Sorgen, weil ihr Kind offensichtlich »langsam« ist.

Machen Sie diesen Fehler bitte nicht. Diese Art von Statistik, die von den Schlafforschern aufgestellt wird, bedeutet keine Wertung. Sie beschreibt nur, wie eine andere Gruppe von Kindern schläft. Und was vielleicht noch wichtiger ist: behalten Sie im Auge, daß Ihr Kind, wenn es mehr oder weniger als der Durchschnitt schläft, den Forschungsbericht nicht gelesen hat und sich seines Fehlers nicht bewußt ist.

In dem Beispiel, das ich vorhin zitierte, stand, daß das sechsjährige Kind im Durchschnitt zehn Stunden in der Nacht schlafen sollte. Das Wort »sollte« ist hier jedoch vollkommen deplaziert. Es mag richtig sein, daß das Kind »im Durchschnitt« so lang schläft, aber das bedeutet nicht, daß ein Kind Schaden nimmt, wenn es nicht so lange schläft.

Bevor wir uns einigen Details der Erforschung des »normalen« Schlafs zuwenden, müssen wir noch einen anderen, komplizierenden Faktor berücksichtigen. Eines der Probleme bei der Erforschung dieses Themas ist, geeignete Testpersonen zu bekommen. So läßt sich erklären, daß es vor allem Untersuchungen bei Neugeborenen gibt, die in Krankenhäusern oder in Heimen untergebracht sind. Wie wir später sehen werden, haben diese Kinder in der Regel andersartige Schlafprobleme, als Kinder, die in der Familie aufwachsen. Die Ergebnisse solcher Untersuchungen lassen sich nicht ohne weiteres auf das durchschnittliche Kind in einer normalen Familie übertragen. Dennoch gibt es einige Beobachtungen, die auf fast alle Kinder zutreffen.

Im besonderen wurde eine Reihe von interessanten Entdeckungen darüber gemacht, wie sich der Schlafrhythmus eines

Kleinkindes entwickelt. Er ist nicht zufällig, sondern im Gegenteil ein Neugeborenes hat einen sehr bestimmten Schlaf-, Essens- und Wachrhythmus. Nach der Geburt entspricht er ziemlich genau dem 24-Stunden-Zyklus eines älteren Kindes oder Erwachsenen, ist jedoch oft 23 oder 25 Stunden lang und gelegentlich noch länger. Die ersten drei bis vier Monate paßt es sich dann vollständig dem 24-Stunden-Zyklus an, nach dem wir alle leben.

Für die Eltern, ist die Entwicklung des Schlafrhythmus dann ideal, wenn die meiste Zeit des Schlafes auf die Nacht und der größte Teil der Wachperioden auf den Tag fallen. Es wurde festgestellt, daß das Neugeborene im Durchschnitt 16 bis 17 Stunden am Tag schläft und das vier Monate alte Baby im Durchschnitt 14 bis 15 Stunden. In der Länge der jeweiligen Schlafperiode vollzieht sich jedoch ein bemerkenswerter Wandel. In der ersten Woche ist die durchschnittlich längste Schlafperiode vier Stunden. Nach 16 Wochen ist sie achteinhalb Stunden lang. Mit einigem Glück deckt sich diese Zeit mit der Schlafenszeit der Eltern. Wenn dies so ist, wäre jeder zufrieden und Sie würden auch nicht dieses Buch lesen. Wenn dem aber nicht so ist – und das kommt häufig vor – haben Sie Probleme. Genauso wie man die Länge der Schlafperioden untersuchen kann, muß man auch berücksichtigen, wie sich je nach Alter beim »durchschnittlichen« Kind die Anzahl der Schlafperioden verändert. Die meisten Neugeborenen schlafen fast ständig, doch wenn sie drei Monate alt sind, haben sie nur noch vier Schlafperioden.

Wenn sie dann ein Jahr alt sind, sind es nur noch zwei oder drei Schlafzeiten und mit drei schlafen viele Kinder nur noch nachts, obwohl manche immer noch ihren Nachmittagsschlaf brauchen bis sie vier oder fünf Jahre alt sind.

Strengere Richtlinien als diese zu geben wäre nicht sinnvoll. Dies sind Durchschnittswerte und manche Kinder schlafen mehr, manche weniger. Wenn sich Ihr Kind anders verhält, heißt das nicht, daß ihm dies schadet.

Während ich mich mit diesem Punkt beschäftigte, stieß ich auf eine große Anzahl von angesehenen Erziehungsratgebern, die detaillierte Beschreibungen darüber enthielten, wie sich ein Kind im jeweiligen Alter in bezug auf das abendliche Einschlafen, das nächtliche Aufwachen oder das Nachmittagsnickerchen zu verhalten haben. Wenn man jedoch liest, daß ein 36 Monate altes Kind glücklich ist, wenn es sich nachmittags im Bett ausruht ohne einen Tanz dabei zu veranstalten, und Ihr Kind das nicht tut, was beweist diese Information? Der Eltern-Ratgeber, von dem diese Information stammt, behauptet auch, daß das 48 Monate alte Kind selten Dinge mit ins Bett nimmt und daß das 15 Monate alte leicht zu Bett gebracht werden kann. Auch wenn eine solche Information korrekt sein mag, welchen Wert hat sie?

Viel zu viele Eltern verfolgen die Fortschritte ihrer Kinder anhand einer Checkliste, was sie entweder unverdientermaßen stolz macht oder unnötigerweise beschämt. Einige Meilensteine in der Entwicklung des Kindes sind natürlich wichtig, um einen Überblick über die Allgemeinentwicklung zu bekommen, aber bezogen auf Schlafprobleme sind sie bestenfalls eine Randerscheinung.

Tatsache ist, daß Kinder in ihrem Schlafverhalten fast ebenso unterschiedlich sind wie Erwachsene. Dies ist nicht nur eine zufällige Beobachtung. 1976 erschien eine interessante Studie, herausgegeben vom Institut für Mutter und Kind in Prag. Sie analysierte die individuellen Unterschiede bei Kindern im schlafenden Zustand und kam zu dem Ergebnis – nach großangelegten Versuchsreihen – daß Kinder enorme Unterschiede aufweisen, nicht nur bezüglich der Zeit, die sie schlafen, sondern auch darin, wie ruhelos sie sind, wie tief sie schlafen und wieviel sie sich bewegen. Die Autoren hatten das Gefühl, daß einer der Hauptfaktoren für diese Unterschiede in der Persönlichkeit des Kindes begründet lag. Mit anderen Worten heißt das, daß unterschiedliche Kinder auch unterschiedlich schlafen. Dies ist wieder ein weiteres Beispiel dafür, daß die Wissenschaft das beweist, was jede Mutter oder jeder Vater weiß, doch zumindest hat man dann die Tatsache schwarz auf weiß, daß Kinder nicht in den Durchschnitt von Erziehungsratgebern passen und doch völlig normal sind.

In den nächsten Kapiteln werde ich die Faktoren behandeln, die den Schlaf eines Kindes beeinflussen, und die verschiedenen Formen, die Schlafprobleme annehmen können. Um viele davon erklären zu können – es sind im einzelnen Alpträume, Bettnässen, Schlafwandeln und ähnliche Schwierigkeiten – muß ich mich auf einige sehr technische Aspekte unseres jetzigen Wissensstands über Schlaf beziehen können. Es ist deshalb auch wichtig, daß Eltern mehr über ihren eigenen Schlaf wissen, wie unterschiedlich er sein und wie sich Schlafentzug auswirken kann.

Bis in jüngster Zeit war erstaunlich wenig über Schlaf bekannt, die moderne Schlafforschung beginnt eigentlich erst mit dem Jahr 1952. Im April 1952 forschte ein junger Physiologe mit Namen Eugene Aserinsky, der heute als der Vater der wissenschaftlichen Analyse von Schlaf gilt, an der Universität von Chicago mit Hilfe eines EEGs. Das EEG, oder Elektro-Enzephalogramm, zeichnet die elektrischen Impulse des Gehirns auf, indem man, ohne Schmerzen zu verursachen, Elektroden am Kopf befestigt. Nachdem Aserinsky eine Reihe von Messungen durchgeführt hatte, machte er eine Beobachtung, die vor ihm schon viele schlaflose Frauen und Männer gemacht haben müßten, als sie ihren schlafenden Partner beobachteten. Er stellte fest, daß Menschen, die schliefen, wiederkehrende Phasen hatten, in denen sich ihre Augen rasch bewegten. Mit seinem Mitarbeiter Nathaniel Kleitman forschte er auf diesem Gebiet weiter. Sie fanden nicht nur heraus, daß dies ein universales Phänomen war, sondern sie machten auch die faszinierende Entdeckung, daß Leute, die in dieser Phase des Rapid Eye Movement (REM) aufgeweckt wurden, eher von einem Traum berichten konnten.

Seit dieser Zeit ist der Schlaf mehr und mehr analysiert worden und auch der Gebrauch von technischen Hilfsmitteln hat sich verfeinert. Es hat sich eine Standardsprache zur Beschreibung der verschiedenen Schlaflevels entwickelt und man spricht nun von zwei verschiedenen Formen von Schlaf: der orthodoxe und der REM-Schlaf. Der orthodoxe Schlaf ist in vier Phasen unterteilt und ihre Abfolge trifft für jeden zu, obwohl es feine Unterschiede zwischen sehr kleinen Kindern und Erwachsenen gibt. Die meisten Menschen durchlaufen während der Nacht ungefähr alle 90 Minuten eine Sequenz der verschiedenen Schlafphasen.

Vor dem eigentlichen Schlaf befinden sich die meisten Menschen

in einer angenehm entspannten Phase, in der sie halb wach und halb schlafend sind. Ihre Augen sind meist geschlossen, sie befinden sich in der Tagtraumphase. Die Muskeln sind entspannt und die Wahrnehmung der äußeren Welt wird immer schwächer. Das EEG zeigt zu diesem Zeitpunkt einen gleichmäßigen Rhythmus, die sogenannten Alphawellen. Das gleiche Muster tritt auch bei Leuten auf, die meditieren, Yoga praktizieren oder ähnliche Entspannungstechniken anwenden. Kurz vor dem tatsächlichen Einschlafen erleben die Leute oft ein plötzliches Zucken, das auch myoklonisches Zucken genannt wird. Man scheint schon fast zu schlafen und plötzlich »hüpft« das Herz und der Körper zuckt zusammen. Manchmal hat man das Gefühl, man fällt ganz plötzlich, obwohl man ganz ruhig daliegt.
In diesem Moment tritt der Körper in die erste wirkliche Schlafphase ein. In Phase 1 werden die Muskeln noch entspannter und Puls und Atmung langsamer und noch regelmäßiger. Gelegentlich kommen Erinnerungsfetzen ins Bewußtsein und verschwinden dann wieder. In dieser Phase kann man leicht aufgeweckt werden und viele bestreiten dann mit Nachdruck, daß sie bereits geschlafen haben. Das EEG während der Phase 1 zeigt kleine, unregelmäßige und sich rasch verändernde Wellen. Dies ist die seichteste Schlafphase, eine Phase, in der ein Mensch extrem auf äußere Störungen, wie zum Beispiel das Schreien eines Kindes, reagiert.
Sie haben es vielleicht bereits selbst bemerkt, daß Ihr Kind manchmal, wenn es schon schläft und Sie sein Zimmer betreten, vom leisesten Geräusch aufwacht; und ein anderes Mal räumen Sie vielleicht gerade sein Zimmer auf, machen Schubladen zu, heben Spielzeug auf und lassen aus Versehen vielleicht etwas fallen, wacht es überhaupt nicht auf. Diese Unterschiede lassen sich mit den unterschiedlichen Schlafphasen erklären.
Bei Erwachsenen ist der volle Schlafzyklus – der ultradianische Rhythmus – etwa 90 bis 100 Minuten lang. Bei Babys ist der Zyklus viel kürzer, nur etwa 50 Minuten lang. Mit anderen Worten, Babys schlafen öfters in einem 50 Minuten-Rhythmus als in einem 90 Minuten-Rhythmus, also etwa 100, 150 oder 200 Minuten nach dem Essen bevor sie wieder aufwachen. Diese

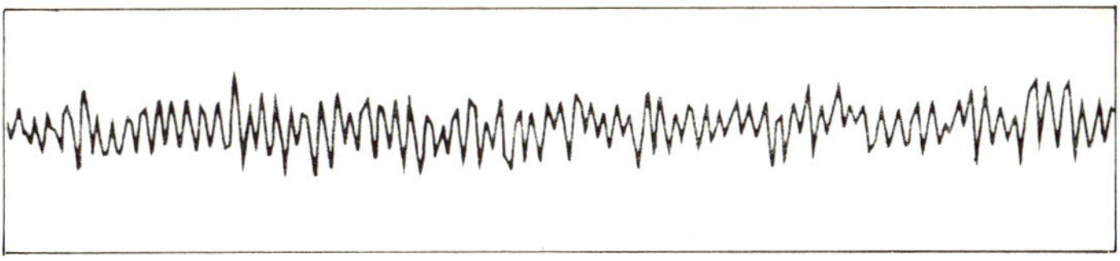

Im wachen Zustand

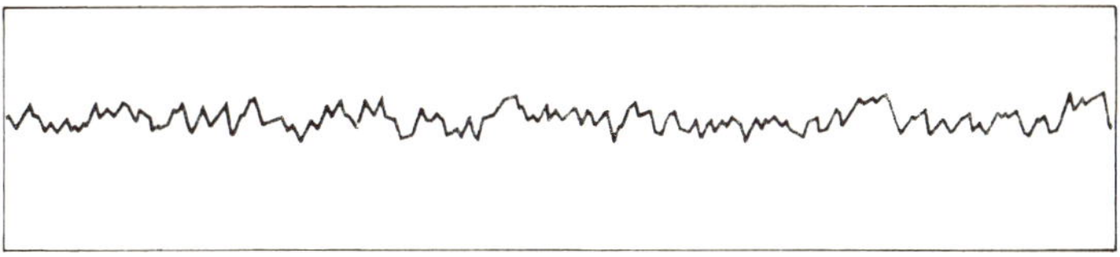

Schlafphase 1 (Seichter Schlaf)

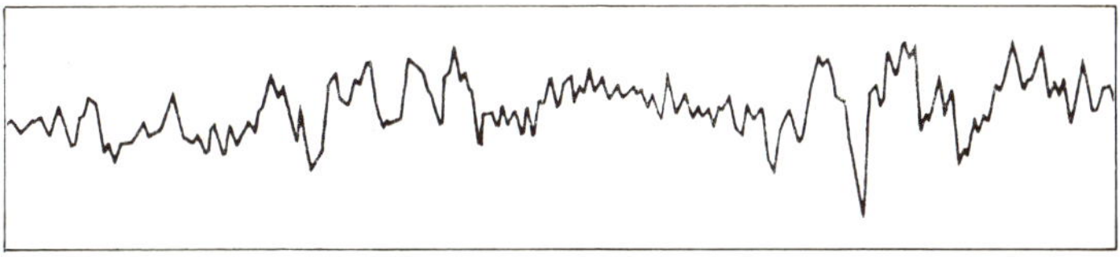

Schlafphase 2 (größer werdende Wellen)

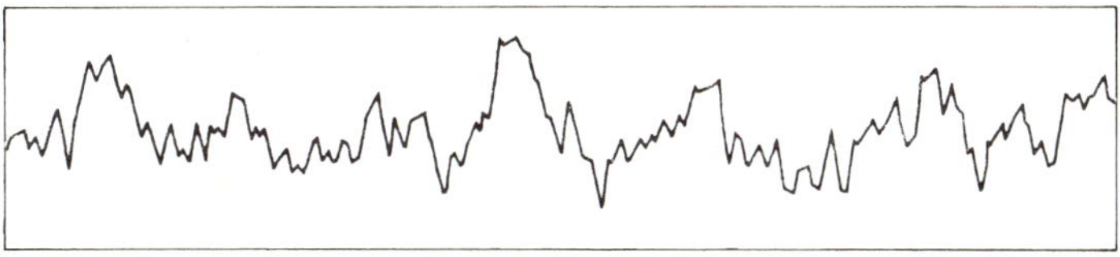

Schlafphase 3 (hauptsächlich große, langsame Wellen)

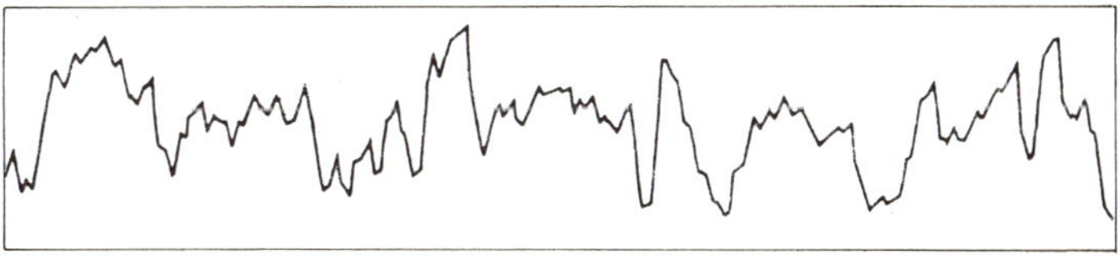

Schlafphase 4 (nur große, langsame Wellen)

Die Diagramme zeigen Ausschnitte eines EEG-Ausdruckes. Die Formen der Gehirnwellen verdeutlichen vier verschiedene Schlafniveaus.

raschere Wiederkehr des Schlafzyklus erklärt, warum Kinder eher zum Aufwachen in der Nacht neigen als Erwachsene.
Nicht nur in Schlafphase 1 kann man leicht aufgeweckt werden, in den nächsten zwei Phasen sinkt der Schläfer jedoch immer tiefer ins Unbewußte. In Phase 2 sehen und registrieren die Augen nichts, auch wenn sie geöffnet sind, obwohl doch gelegentlich Gedanken durch den Sinn gleiten. Das EEG zeigt größer werdende Wellen, die in Phase 3 sehr langsam und hoch werden. Bei den Alphawellen, denen, die beim Einschlafen produziert werden, gibt es bis zu 12 Wellen pro Sekunde. In Phase 3 ist es nur noch eine pro Sekunde. Hier reagiert man nicht mehr so schnell, obwohl man in Phase 2 noch von relativ leisen Geräuschen aufgeweckt werden kann. In Phase 3 muß das Geräusch schon sehr viel lauter sein, um den Schläfer zu wecken. Menschen, die in dieser Phase absichtlich aufgeweckt werden, können sich selten an irgend etwas erinnern und alle Körperfunktionen bleiben weiterhin auf langsam gestellt. Die Muskeln sind entspannt, die Temperatur fällt und sogar der Blutdruck sinkt langsam ab.
Der tiefste Schlaf aber ist der in Phase 4. Diese Phase wird auch manchmal Deltaphase genannt, nach den hohen, sehr langsamen Deltawellen, die vom EEG aufgezeichnet werden.
In dieser Phase herrscht buchstäblich totales Vergessen. Träume werden nur sehr selten registriert, dafür können in dieser Phase Schlafwandeln und Bettnässen vorkommen. Es ist sehr schwer, jemanden aus dieser Tiefe des Schlafs zu reißen, obwohl sich viele Eltern eine merkwürdige, spezifische Sensorik für das Schreien ihrer Kinder bewahren, sogar in dieser Tiefschlafphase. Es ist fast so, als ob der Geist zielgerichtet auf ganz bestimmte Geräusche wach bleibt. Ich erinnere mich gut an zahlreiche Gelegenheiten, wenn ich nachts zu einem Patienten mußte und es mir nicht gelang, meine Frau zu wecken, um ihr zu erzählen, wo ich hinginge und sie dann ganz plötzlich aufwachte, als sie ein verzweifeltes Schreien von einem der Kinder hörte. Eine wirklich befriedigende Erklärung habe ich dafür noch nicht gefunden, aber alle Eltern kennen dieses Phänomen.
Es ist eine interessante und offensichtlich sehr wichtige Tatsache, daß Erwachsene 80% ihrer Schlafzeit im Tiefschlaf und lediglich

20% im leichten Schlaf verbringen. Bei Babys sieht es dagegen ganz anders aus. Etwa die Hälfte ihres Schlafs ist nur leichter Schlaf. Durch dieses Mißverhältnis im Schlafrhythmus ist es kein Wunder, daß Probleme auftauchen können und auch tatsächlich auftauchen. Im Idealfall dreht sich ein Baby, das in eine Wachphase kommt einfach um und schläft weiter. Wenn es das nicht tut, wird der Schlafrhythmus der Eltern unbarmherzig unterbrochen.
Nach Abschluß der Phase 4, nach einer Periode von etwa 90 Minuten, tritt der Schläfer in die sonderbare Phase des REM-Schlafs ein. Die EEG-Aufzeichnung verändert sich abrupt und die etwas grobe Messung der Gehirnaktivität ähnelt mehr dem Wachzustand als einer Schlafphase. Die Augen bewegen sich rasch, Puls und Atmung können unregelmäßig werden und Finger und Zehen nervös zucken. Absichtliche Bewegungen der Glieder, wie etwa beim Gehen, sind jedoch unmöglich. Ein Schläfer, der aus dieser Phase aufgeweckt wird, kann fast immer von einem Traum erzählen. Diese REM-Periode dauert in der Regel 10 bis 15 Minuten und danach beginnt wieder der Abstieg auf der Leiter der anderen Schlafphasen. Alles in allem kann sich der volle Schlafzyklus bei einem normalen Nachtschlaf vier bis fünf mal wiederholen. Durchschnittlich wechselt er bei Erwachsenen nach 90 Minuten, bei Neugeborenen nach 47 Minuten, und bei drei bis acht Monate alten Kindern nach 50 Minuten. Es ist sehr wahrscheinlich, daß Kinder häufiger als Erwachsene aufwachen, da sie öfter in eine leichte Schlafphase kommen, und es bei ihnen fast doppelt soviele Gelegenheiten gibt, bei denen sie leicht aufgeweckt werden können als bei Erwachsenen. Geräusche und andere Störungen, die von außen kommen, spielen somit beim Aufwachen von Kindern ein weit wichtigere Rolle, da die Phase des seichten Schlafes häufiger vorkommt.
Es ist immer noch schwierig genau festzustellen, was während der REM-Phase vor sich geht. Früher dachte man, daß solche Begebenheiten wie die Peniserektion oder das Flackern der Augen eine Antwort auf den Inhalt des Traums darstellten, doch davon ist man wieder abgekommen. Es scheint, daß diese physischen Veränderungen nicht von der mentalen Aktivität beeinflußt werden, sondern nur zur selben Zeit stattfinden. Als sicher gilt,

daß der REM-Phase eine entscheidende Bedeutung zukommt. Wenn zum Beispiel durch den Gebrauch von Schlaftabletten das Quantum von REM-Schlaf reduziert wird, gibt es beim Absetzen der Medikamente für einige Zeit ein kompensatorisches Ansteigen von REM-Schlaf. Experimente, in denen freiwillige Versuchspersonen bestimmter Schlafphasen beraubt wurden, zeigen, daß der Entzug der Phase 4 lediglich bewirkte, daß sie am nächsten Tag lethargisch und abgespannt waren, während, wenn die REM-Phase abging, komplexere Fähigkeiten, wie etwa das Lernen und das Gedächtnis, in Mitleidenschaft gezogen waren. Heute weiß man, daß die Hirnanhangdrüse während der Deltaphase des Schlafes die Produktion des menschlichen Wachstumshormons erhöht. Dies geht einher mit einer generellen Neubelebung des Gewebes und erklärt vielleicht einige der Probleme, die auftauchen, wenn diese Phase des Schlafs verlorengeht. Diese Beziehung zwischen Deltaschlaf und der Ausschüttung des Wachstumshormons trifft für die ersten drei Lebensmonate nicht zu. Es gibt sicherlich keinen Hinweis darauf, daß Kinder, die weniger als der Durchschnitt schlafen, auch weniger als der Durchschnitt wachsen.

Die Schlafforschung steckt immer noch in ihren Kinderschuhen und es bleibt noch vieles ungeklärt. Bevor wir jedoch dieses komplexe Forschungsfeld verlassen, sei noch eine interessante Tatsache am Rande notiert: nicht nur Menschen haben diesen typischen Schlafzyklus, sondern auch Reptilien, Vögel und alle Säugetiere – mit einer Ausnahme: dem Ameisenbär. Warum er keine REM-Phase kennt, weiß ich wirklich nicht. Vielleicht hat er nichts, worüber es sich zu träumen lohnt?

Die Analyse der verschiedenen Schlafphasen ist nur eine Möglichkeit, an das Thema heranzugehen. Eine andere ist, die gesamte Zeitdauer, die ein Mensch schläft, zu messen, doch hier ergeben sich eine ganze Reihe von neuen Problemen. In der Regel können Leute sehr schlecht schätzen, wie lange sie schlafen. Menschen, die an Schlaflosigkeit leiden und angeben – und das auch wirklich glauben –, daß sie kaum ein Auge zutun, wurden schon öfters in Schlaflabors von Krankenhäusern untersucht. Beobachtungen und EEG-Messungen aber ergaben, daß diese Menschen oft genauso lang und tief schlafen wie ihre

Freund, die nicht an Schlaflosigkeit leiden, obwohl der Untersuchte immer noch der Meinung gewesen ist, daß die Nacht, in der der Test durchgeführt wurde, schlimm gewesen sei.

Es besteht kein Zweifel darüber, daß manche Menschen mehr Schlaf benötigen als andere. Es gibt viele Menschen, die mit ein paar Stunden Schlaf in der Nacht gut auskommen und andere, die sich wie gerädert fühlen, wenn sie nicht mindestens neun bis zehn Stunden geschlafen haben. Die Geschichte kennt viele Beispiele von sogenannten Kurzschläfern. Von jedem größeren Eroberer oder Feldherrn wird berichtet, daß er mit nur drei bis vier Stunden Schlaf pro Nacht ausgekommen sei. Auch von Napoleon, Winston Churchill und Margaret Thatcher wird erzählt, daß ihnen oft ein kurzes Nickerchen genügte.

Ich bezweifle das irgendwie. Menschen, die Führungspositionen innehaben, geben gerne vor, daß sie dynamisch und über den Schlaf erhaben sind, doch ich bezweifle den Wahrheitsgehalt dieser Legende. Ich bin mir sicher, daß diese Menschen auch nicht den ganzen Tag verdösen, doch es würde mich mehr überzeugen, wenn über ihre Schlafgewohnheiten ehrlicher gesprochen würde.

Vor ein paar Jahren untersuchte ein Schlafforschungsprojekt die Unterschiede zwischen Lang- und Kurzschläfern. Dabei fanden sie heraus, daß Leute, die weniger Schlaf als der Durchschnitt benötigten, einflußreiche und dynamische Leute waren, etwa Topmanager, Wissenschaftler oder politische Führer; die Langschläfer waren eher unkonventionelle Leute, meist sehr kreativ und im allgemeinen in ihren sozialen und politischen Ansichten recht kritisch.

Die ist ein herrliches Forschungsergebnis. Ob Sie nun Kurz- oder Langschläfer sind, Sie kommen immer gut dabei weg. Entweder sind Sie dynamisch oder kreativ. Sie können stolz darauf sein, unkonventionell zu sein oder aber Führungsqualitäten zu besitzen. Keiner kann sich beschweren, jedem ist seine Rolle zugeteilt.

Wenn Sie allerdings nicht lang genug schlafen, d. h. nicht lang genug nach Ihren Bedürfnissen, werden Sie Probleme bekommen. Schlafdeprivation kann sehr ernste Folgen haben. Ich habe betont, daß die Mehrheit der Kinder, die nachts aufwacht, an keinen Folgeerscheinungen zu leiden hat. Wenn sie müde sind, werden sie für gewöhnlich ihr Schlafbedürfnis zu einer anderen Tageszeit befriedigen. Wenn ein zwei Jahre altes Kind müde ist, hindert es nichts daran, jederzeit zu schlafen; wenn ein Erwachsener müde ist, machen dies der Haushalt oder der Beruf oft unmöglich. Ein Vater oder eine Mutter sind oft den ganzen Tag am Rennen. Deswegen ist es besonders wichtig, daß er oder sie nachts genügend Schlaf bekommt und ein Kind, das immer sehr früh aufwacht, kann dies zweifellos verhindern. Das Kind hatte vielleicht genügend Schlaf bekommen, oder wird ihn noch nachholen. Die Eltern haben diese Chance nicht.

Gelegentliche schlaflose Nächte sind nicht schlimm. Wenn ein Vater oder eine Mutter die ganze Nacht bei einem ansonsten ruhigen Kind gesessen hat, weil es zum Beispiel eine Ohrenentzündung hatte, so fühlt sich er oder sie vielleicht sehr erschöpft, kann sich aber zumindest damit trösten, daß die nächste Nacht sicher ruhig werden wird. Wenn aber ein Kind wiederholt aufwacht, Nacht für Nacht, eine Woche nach der anderen, sind die Gefühle dabei sehr verschieden. Heute weiß man, daß ein gestörter Schlaf, auch wenn er im ganzen acht oder mehr Stunden ergibt, erschöpfender ist als sechs Stunden ungestörter Schlaf. Diese wichtige Tatsache wird im vierten Teil wieder aufgegriffen, wenn wir uns den Überlebenstechniken für Eltern von schlaflosen Kindern zuwenden.

Jahrhundertelang wurde Schlafdeprivation als eine höchst wirkungsvolle Foltermethode angewendet. Gefangene, die Auspeitschungen und anderen physischen Bestrafungen standhielten, wurden schnell zu regelrechten Wracks, wenn sie Nacht für Nacht des Schlafs beraubt wurden. Schlaflose Eltern von heute wissen genau, wie diese sich fühlten. Beobachtungen an Leuten, die lange Perioden wachgehalten werden, zeigen, daß diese Leute mehrere Stadien durchlaufen. Zuerst sind Gereiztheit und Wut vorherrschend, gefolgt von Konzentrationsstörungen und schließlich kommen Halluzinationen. Wenige Eltern erreichen dieses letzte Stadium, doch die anderen sind hinreichend bekannt.

Einer der bekanntesten Fälle von Schlafdeprivation in den letzten Jahren war der Fall des New Yorker Disjockeys Peter Tripp, der

200 Stunden für einen guten Zweck wach blieb. Während der ganzen Zeit, die er auf Sendung war, befand er sich unter Aufsicht von Ärzten und Forschern. Am Anfang ging alles gut, bis die Halluzinationen einsetzten. Während einer Phase lief er die Gänge hinunter, um den Ärzten zu entfliehen. Er war fest davon überzeugt, daß sie Leichenbestatter waren, die ihn begraben wollten. Gegen Ende dieses »Wachmarathons« wurde er immer depressiver, doch trotz allem, nach einer Nacht normalen Schlafs war er wieder ganz der Alte. Bei fällen von chronischer Schlafdeprivation kann diese Depression jedoch sehr viel länger andauern.

Peter Tripp ist trotz dieses Abenteuers nicht der Weltrekordhalter für Schlaflosigkeit. Diese dubiose Auszeichnung hielt zu der Zeit, da ich dieses Buch schrieb, eine Frau aus Cambridgeshire. Sie hielt sich in einem Schaukelstuhl 18 Tage und 17 Stunden wach, erlitt aber, wenn man dem Guinessbuch der Rekorde glauben darf, keine Folgeschäden, außer daß sie gegen Ende Halluzinationen hatte. Eltern von schlaflosen Kindern müssen das Gefühl haben, daß Leute, die sich absichtlich und freiwillig wachhalten, komplett verrückt sein müssen. Schlaf ist schließlich etwas viel zu Wertvolles.

Das »schlaflose« Kind – Warum Probleme auftauchen

›Warum passiert das eigentlich?‹
›Womit hab' ich das nur verdient?‹
›Ist es meine Schuld?‹
›Was hab' ich falsch gemacht?‹

Fast jeder Brief, den ich von Eltern »schlafloser« Kinder bekam, enthielt dieselben, einfachen Fragen. Was jeder wissen will, ist warum *sie* die Leidtragenden sind, und ihre Freunde und Nachbarn nicht. Diese Eltern erhielten selten eine befriedigende Antwort auf ihre Fragen. Eine Mutter, die mit ihren zwei anstrengenden Kindern schon Kinderärzte, Spezialisten für Familienfragen, Gesundheitsämter und Sozialarbeiter aufgesucht hatte, schrieb: ›Ich kann mit bestem Gewissen sagen, daß keiner mir einen überzeugenden Grund genannt hat, warum sie schlecht schlafen.‹

Am häufigsten hört man, die Eltern seien an dem Problem selber schuld. Viele Ärzte, Kinderschwestern, Großeltern, Nachbarn und Freunde sind mit diesem Argument schnell bei der Hand. Eine Mutter drückte dieses Gefühl, das immer wieder auftauchte, folgendermaßen aus: ›Ich habe immer wieder ganz deutlich gespürt, daß Ärzte und Gesundheitsberater es fantastisch verstehen, die Eltern für alles verantwortlich zu machen, wenn ihre Kinder nicht das tun, was die Bücher ihnen vorschreiben. Der Mann von der Erziehungsberatung sagte mir jedesmal, alles, was ich bräuchte wäre Entschlossenheit – mit dem Ergebnis, daß ich mir wie ein willenloser, unfähiger Versager vorkam. Ich war dann sehr erleichtert, als sich mein zweites Kind als »brav« erwies und es gab mir wieder Sicherheit, daß ich meine Kinder nicht zu eigenwilligen Monstern erzog.‹

In einer angesehenen medizinischen Zeitschrift, in der ein ansonsten glänzender Artikel über dieses Problem stand, war folgender Satz zu lesen: ›Viele Schlafprobleme lassen sich darauf zurückführen, wie ein Baby versorgt wurde, und die früh entstandenen schlechten Angewohnheiten sind eine der verbreitetsten Ursachen für Schwierigkeiten beim Schlafen.‹ Ich bin allerdings davon überzeugt, daß dies nur bei einer Minderheit der Fälle die Hauptursache ist.

Alle Kinder leiden zu bestimmten Zeiten an Schlafproblemen. Das nächste Kapitel untersucht einfache und verbreitete Ursachen der Schlaflosigkeit bei Kindern und zeigt, wie manche Reaktionen der Eltern etwas verlängern können, was ansonsten vielleicht nur ein temporäres Problem gewesen wäre. Sie finden vielleicht heraus, daß sich Ihr spezifisches Problem auf einen ganz bestimmten Zeitpunkt zurückverfolgen läßt, beispielsweise Ohrenschmerzen oder andere Erkrankungen. Wichtig ist, diese Möglichkeit in Betracht zu ziehen. Natürlich will ich damit nicht den Eindruck erwecken, daß Sie an diesem Problem schuld sind, weil Sie es nicht anders lösen konnten. Diese Ansicht wird jedoch von vielen Ärzten vertreten. Ein bedeutender Kinderarzt schrieb

1922, daß ›ein Kind mit Schlafstörungen eine Schande für seine Eltern sei‹. Und in einem erst kürzlich erschienenen Artikel stand, daß ›das unglückliche und unsichere Kind auf lange Zeit die größten Probleme machen kann. Es schreit, wenn es zu Bett gebracht wird und wacht während der Nacht immer wieder auf und verlangt Aufmerksamkeit‹. Ist es dann noch ein Wunder, wenn Eltern verzweifeln, weil sie entweder mit der Situation falsch umgehen oder ihre Kinder ›unglücklich und unsicher‹ sind?

Es mag stimmen, daß Eltern das Problem manchmal verschlimmern können, doch meistens liegt es nicht in ihren Händen. Die möglichen Ursachen lassen sich in zwei Gruppen zusammenfassen. Da gibt es einmal die Faktoren, die das Problem primär verursachen, und zum anderen diejenigen Faktoren, die das bereits bestehende Problem aufrechterhalten. Und schließlich gibt es noch eine große Anzahl von Fällen, wo es schlicht unmöglich ist, eine spezielle Ursache zu nennen und wo es auch keinen Sinn hat, es zu tun. Das Problem zu verstehen mag zwar befriedigend sein, aber es bedeutet nicht unbedingt zusätzlichen Schlaf.

Es kann nicht oft genug betont werden, daß man bei Kindern nur dann von Schlafproblemen spricht, wenn die Eltern darunter leiden. Die kulturelle Komponente dieses Problems darf nicht unterschätzt werden. Zum Beispiel bleiben Kinder in südlichen Ländern traditionell länger auf, um mit ihren Eltern noch zu Abend zu essen. Englische Familien, die im Urlaub in Restaurants Essen gehen, wundern sich oft, wenn sie vier bis fünfjährige Kinder sehen, wie sie mit ihren Eltern, den Restaurantbesitzern, noch um 11 Uhr nachts beim warmen Abendessen sitzen. Die Kinder haben meist schon in den frühen Abendstunden geschlafen – oder zumindest ein Nickerchen gemacht – und werden, nachdem sie ihr Fünf-Gänge-Menü beendet haben, auch fast mit Bestimmtheit gleich wieder schlafen.

Die Kultur, in der das Kind lebt, kann deshalb eine Ursache für Schlafprobleme sein. Ein Kind aus Südfrankreich, das in einer englischen Familie leben und zu denselben Zeiten schlafen würde wie daheim in Frankreich, wäre in England ganz

sicher ein Problemfall. In seiner gewohnten Umgebung jedoch würde es als ganz normal angesehen werden.
Eine Gesellschaft, in der die Kinder traditionsgemäß mit den Eltern schlafen, kennt Schlafprobleme weit weniger. Aus einer Reihe von Gründen, die ich im dritten Teil aufgreifen werde, wird dies in vielen westlichen Ländern nicht als die Norm angesehen. Aber auch hier gilt, daß die Einstellung der Gesellschaft in hohem Maße dafür verantwortlich sein kann, ob es ein Problem wird oder nicht.
Ein Großteil der Forschung, der sich mit den Ursachen von Schlafproblemen beschäftigt, widerlegt die althergebrachte Meinung, Schlafstörungen seien die Schuld der Eltern. Eine besonders eindrucksvolle Studie des Instituts für medizinische Psychologie an der Universität von Cambridge stellte fest, daß Schwierigkeiten beim Schlafen und beim Essen wahrscheinlich die häufigsten Probleme darstellten, bei denen professionelle Hilfe in Anspruch genommen wurde. In einer Zusammenfassung ihrer Ergebnisse schrieben die Autoren: ›Unsere Ergebnisse lassen vermuten, daß die Beratung, die von dieser Seite kommt, nicht immer sehr hilfreich ist und oft auch den geeigneten Erfahrungshintergrund vermissen läßt.‹ Weiterhin beklagen sie, daß die Forschungsergebnisse ›nicht sehr wirkungsvoll zu denjenigen durchgesickert sind, die sie brauchen.‹ Die Bemerkungen, die ich am Anfang dieses Kapitels zitierte, scheinen dies zu bekräftigen.
Die Autoren der Cambridge-Studie, Martin Richards und Judith Bernal, untersuchten sehr detailliert die Entwicklung von etwa 100 Kindern, und als sie herausfanden, daß bei 14 Monate alten Kindern die Schwierigkeiten beim Schlafen zu der Hauptsorge der Eltern zählte, versuchten sie die Gründe dafür zu analysieren. Sie hatten eine Menge von Daten gesammelt und versuchten nun, die Unterschiede zwischen den Gruppen von Kindern herauszuarbeiten, die Probleme zu haben schienen und denen, die keine hatten.
Anfänglich analysierten sie die beiden Gruppen anhand der Reihenfolge der Geburt (Geschwisterkonstellation), anhand des Geschlechts und ob das Kind Flaschennahrung bekommen hatte oder gestillt wurde. Dabei konnte kein Unterschied zwischen den

beiden Gruppen gefunden werden. Dann nahmen sie sich frühere Aufzeichnungen vor und stellten fest, daß bei allen früheren Interviews – im Alter von 8, 14, 20 und 30 Wochen – die Problemgruppe einen kürzeren Schlaf verzeichnete, als die andere. Zum Beispiel betrug bei den 8 Wochen alten Kindern der Gruppe, die später mit 14 Monaten Probleme haben sollten, die durchschnittlich längste Phase ununterbrochenen Schlafs 5,6 Stunden, bei der anderen Gruppe betrug sie im Durchschnitt 8,8 Stunden. Dieser Unterschied blieb bei allen Altersstufen, bei denen Erhebungen gemacht wurden, gleich, d. h. die Problemgruppe hinkte der anderen immer hinterher.

Doch das war nicht alles. Die Erhebungen waren detailliert genug, um das Verhalten der Kinder in den ersten zehn Tagen nach der Geburt zu analysieren. Sie fanden heraus, daß die Gruppe mit den Schlafproblemen weniger Zeit in ihren Kinderbettchen verbracht hatte und auch mehr schrie. Sie schienen im allgemeinen leicht zu irritierende Babys zu sein – eine Auffassung, die eine neurologische Untersuchung bestätigte.

Sie gingen sogar noch weiter zurück und sahen sich die Geburtsberichte an. Die Mütter der Schlafproblemkinder hatten längere Wehen und es dauerte länger, bis die Neugeborenen zum ersten Mal schrien und atmeten. Ein Schaden durch Sauerstoffmangel wurde aber nicht festgestellt. Die durchschnittliche Zeit von der Geburt an bis zum ersten Schrei betrug bei der Problemgruppe 36,4 Sekunden, bei der anderen 19,6 Sekunden. Dies sind Durchschnittswerte und sie sind auf keinen Fall auf alle Kinder zu übertragen. Meine beiden Kinder waren rasche Geburten und »frühe Schreier«, und dennoch waren sie schlechte Schläfer.

Eine Schlußfolgerung jedoch war unvermeidlich. Die Kinder, die mit 14 Monaten Schlafprobleme hatten, waren schon seit ihrer Geburt unruhiger und leicht zu irritieren. In diesem Fall scheint es äußerst unwahrscheinlich, daß falsches Handeln der Eltern die Ursache der Schlafstörung ist.

Jahrelang wurde den Eltern von »schlaflosen« Kindern erzählt, daß sie wegen der Art und Weise, in der sie für das Kind sorgen, Probleme haben. Tatsache aber ist, daß die Art, wie sie sich um das Kind kümmern, oft die Reaktion auf das Problem darstellt und nicht die Ursache. Eine verzweifelte Mutter tut fast alles, um ihrem Kind zu helfen und muß sich dann von anderen sagen lassen, daß das, was sie tut, der Grund für ihre Probleme sei. Dazu bemerken Richards und Bernal: ›Die Eltern der Problembabys versuchten ein größeres Spektrum von Taktiken, um mit dem Problem des Aufwachens in der Nacht fertig zu werden. Das ist kaum überraschend, denn unsere Ergebnisse zeigten ja, daß es kein Patentrezept gibt und die Eltern es deshalb mit allen möglichen Tricks versuchten.‹

Ob das Schlafproblem bereits bei der Geburt oder kurz danach anfängt – es gibt kaum einen Zweifel, daß einige Kinder schlecht schlafen, egal was die Eltern tun. Man kann also folgern, daß viele Probleme auf das Verhalten und die Persönlichkeit des Kindes zurückzuführen sind, und andere wiederum vom Verhalten der Eltern abhängen. Natürlich läßt sich wenig an den Besonderheiten, mit denen Ihr Kind geboren wurde, verändern, obwohl Sie lernen können, mit den Problemen, die Sie verursachen, besser fertig zu werden. Liegt die Hauptursache bei den Eltern, so kann man entschieden mehr dagegen tun.

Jedes Kind hat irgendwann einmal leichte Schlafstörungen und doch kann dies in manchen Fällen der Beginn vieler schlafloser Nächte sein. Selbst die Trotzphase, die ja für alle Kleinkinder normal ist, kann anhaltende Probleme verursachen. Das bisher normal schlafende Kind wacht vielleicht eines Nachts auf und verlangt nach einem Getränk. Nach zehn Minuten ruft es, weil es auf die Toilette muß. Danach folgt wieder der Wunsch, noch etwas zu trinken zu bekommen ... Die Reaktion der Eltern darauf ist von äußerster Wichtigkeit. Wenn nach jedem Wunsch das Kind einen Kuß oder eine Umarmung bekommt, oder wenn ihm sogar ein Vers oder eine kleine Geschichte erzählt wird, welchen Anreiz hat das Kind dann noch, allein in seinem Bettchen zu bleiben?

Es wurden bis jetzt viele Beweise zur Erhärtung der These vorgebracht, daß dieser Wunsch nach Aufmerksamkeit – zusammen mit der Art und Weise, wie Eltern darauf reagieren – einen Hauptfaktor für das Entstehen von Schlafstörungen darstellt. Dies wird anscheinend durch Berichte noch erhärtet, nach denen

Kinder in Krankenhäusern besser schlafen. Allerdings ist dies kaum ein Beweis. Eine beschäftigte Kinderschwester, die ein ganzes Zimmer voller Kinder beaufsichtigen muß, weiß natürlich viel weniger, ob ein Kind wach ist, als eine Mutter in einer kleinen Wohnung. Die Tatsache, daß man nicht weiß, ob ein Kind wach ist, ist kein Beweis dafür, daß es auch wirklich schläft!

In einer Studie wurde die Beobachtung gemacht, daß nur 3,3% der zweijährigen Kinder in Kinderheimen Schlafprobleme hatten, während es bei Kindern, die zu Hause wohnten, 37% waren. Dies wurde als Beweis dafür angeführt, daß Eltern die Schlafprobleme selbst verursachten. Aber wieder läßt sich sagen, daß die Kinderschwestern es einfach nicht bemerkt haben. Eine andere Studie untersuchte das unterschiedliche Verhalten zweier Kinderschwestern bei der Beaufsichtigung von Babys in einem Kinderheim. Eine Kinderschwester ging viel eher auf das Schreien der Kinder ein, und eben bei ihr schrieen auch die Babys häufiger. Nun ist man natürlich versucht, die Schlußfolgerung zu ziehen, daß ihr schnelleres Reagieren auf das Schreien der Kinder das Schlafproblem verstärkte. Es wurde jedoch auch angeführt, daß die langsamer reagierende Schwester mehr Geschick dafür zeigte, die Kinder zu beruhigen. Die Dinge liegen eben nie so einfach, und gerade bei einem so komplexen Problem wie der Schlaflosigkeit ist es außerordentlich schwierig, die verschiedenen Ursachen auseinanderzudividieren.

Es gibt schließlich noch eine Beobachtung, die der Schlußfolgerung, daß die Eltern an der Schlaflosigkeit ihres Kindes nicht schuld sein müssen, ein beachtliches Gewicht verleiht, nämlich die Tatsache, daß in derselben Familie manche Kinder schlimme Schlafstörungen haben und andere nicht. Häufig hat das erste Kind dieses Problem und dann wieder die später geborenen. Viele Eltern schrieben mir, daß, obwohl sie ihre Kinder in gleicher Weise erzogen haben, ein Kind perfekt schlief und das andere ganz schlecht. Das kann sogar auf Zwillinge zutreffen. Manche Eltern fanden heraus, daß es einen beruhigenden Effekt haben kann, wenn man den schreienden Zwilling in das Bett des schlafenden Zwillings legte. Man möchte zunächst zwar annehmen, daß dies nicht sein kann, und der schreiende Zwilling ganz sicher den schlafenden aufwecken wird. Aber dem ist in der Regel nicht so. Wenn Sie Zwillinge mit Schlafproblemen haben, kann diese Erfahrung für Sie vielleicht wertvoll sein.

Teil 2
Probleme und Lösungsmöglichkeiten

Einfache Schlafprobleme

Nicht alle Schlafprobleme, denen Eltern und Kinder ausgesetzt sind, sind so langwierig und aufreibend wie die, die im ersten Kapitel beschrieben wurden. Alle Kinder, auch wenn sie sonst gut schlafen, haben gelegentlich, aus welchen Gründen auch immer, unruhige Nächte. Es gibt kaum ein Kind, das seine Eltern nicht mal wachgehalten hat, weil es einen Zahn bekam oder irgendein anderes, zeitweiliges körperliches oder emotionales Problem hatte.

Solche, auf kurze Zeit befristete Störungen können frustrierend und unangenehm sein, doch für gewöhnlich beruhigt sich die Situation schnell wieder. Wenn Eltern eine Ursache erkennen und hoffentlich auch etwas dagegen tun können, sind sie weit weniger verärgert, als wenn die Schlaflosigkeit aus dem Nichts zu kommen scheint. Was Eltern von langfristig »schlaflosen« Kindern am meisten frustriert ist, daß sie keinen sichtbaren Grund für die offensichtliche Not ihres Kindes erkennen können.

Unglücklicherweise kann so ein einfaches Problem, wie z. B. das Zahnen oder eine Blähung, der Ursprung dafür sein, daß eine größere Schlafstörung »heranwächst«. Die Art, wie Eltern darauf reagieren, ist deshalb von äußerster Bedeutung. Wenn man mit dem Problem richtig umgeht, kehrt vielleicht der gewohnheitsmäßige Schlafrhythmus wieder zurück. Wenn damit falsch umgegangen wird, kann es ein Desaster zur Folge haben. Es ist deshalb wichtig, diese einfachen Schlafprobleme in die Betrachtung miteinzubeziehen, zum einen wegen den Problemen selbst, zum anderen aber auch wegen des Langzeiteffekts, den sie mitunter auf den Schlaf der Familie haben können. Diese relativ einfachen und erklärbaren Ursachen für Schlaflosigkeit kommen bei jedem Kind zu irgendeiner Zeit vor. Gewöhnlich ist die Störung von kurzer Dauer. Es gibt jedoch Situationen, in denen sie den Beginn eines längerfristigen Problems darstellen.

Nehmen wir zum Beispiel Billy. Er schläft normalerweise gut, geht gern zu Bett und ist auch sonst ein ganz normaler und glücklicher Dreijähriger. Eines Nachts wacht er mit Halsschmerzen, von einer Erkältung herrührend, auf. Seine Mutter nimmt ihn – was sehr verständlich ist – aus seinem Bett heraus und trägt ihn ins warme, hellerleuchtete Wohnzimmer hinunter. Der Fernsehapparat läuft. Es bekommt ein Aspirin und man spielt dann noch eine halbe Stunde mit ihm. Sein Vater ist vielleicht spät von der Arbeit zurückgekommen und hat ihn den ganzen Tag nicht gesehen. Die ideale Zeit also zum Schmusen und Spielen.

Schließlich kommt die Zeit, ihn wieder zu Bett zu bringen. Wenn Sie jetzt Billy wären und die Wahl hätten, allein in einem kalten Bett zu liegen oder unten im Schoß der glücklichen Familie die Zeit zu verbringen, würden Sie wieder schlafen gehen? Wie nun die Familie mit seinem wiederholten Schreien oder seiner Weigerung, am nächsten Abend zu Bett zu gehen, umgeht, kann für die nächsten Monate ganz entscheidend seinen Schlafrhythmus und den seiner Familie beeinflussen.

Billy hat offensichtlich gesehen, daß es schönere Arten gibt, die Nacht zu verbringen, als in einem dunklen Raum zu liegen. Kinder lernen schnell, daß sie durch ihr Schreien erreichen können, entweder ins Wohnzimmer oder ins Bett der Eltern zu gelangen. Es mag auch Gelegenheiten geben, wo Sie dagegen gar nichts einzuwenden haben.

Ich erinnere mich gut an eine Mutter, deren Mann oft auf Geschäftsreisen unterwegs war. Wenn er weg war, nahm sie immer ihr Kind in ihr Bett, wenn es in der Nacht aufwachte. Sie gab zu, daß sie sich so glücklicher fühlte. Wenn ihr Mann jedoch daheim war, verübelte sie ihrem Kind sein Eindringen und konnte auch nicht verstehen, warum er immer wieder aufwachte.

Ein erster Schritt, die Schlafprobleme Ihres eigenen Kindes besser verstehen zu können, ist deshalb eine Reihe von Fragen, die Sie sich stellen sollten: Können Sie sich an die spezielle Situation erinnern, als das Problem anfing? Was tun Sie, wenn Ihr Kind aufwacht? Sind Sie konsequent in der Art, wie Sie mit dem Problem fertig zu werden versuchen? Versuchen Sie einmal, sich in die Lage Ihres Kindes zu versetzen und betrachten Sie Ihre Versuche, das Problem zu meistern, durch seine Augen. Was »springt für das Kind heraus«, wenn es aufwacht? Schmusen Sie mit ihm, bekommt es was zu trinken oder wird mit ihm gespielt, was sonst vielleicht nicht geschehen wäre? Und was bekommen Sie für sich, wenn Sie so mit dem Problem umgehen, also etwa wie jene Mutter, der es gelegentlich Spaß machte, ihr Kind mit in ihr Bett zu nehmen? Welchen Effekt hat das wiederholte Aufwachen auf die übrige Familie und profitiert das Kind daraus?
In allen Fällen von wiederholter Schlaflosigkeit ist es wichtig, jeden dieser Punkte zu berücksichtigen. Es kann sein, daß Sie auf einen Aspekt Ihrer Erziehung kommen, der tatsächlich die Situation verschlimmert.
Was sollten Sie also tun, wenn ein Kind, das normalerweise gut schläft, in der Nacht aufwacht? Vielleicht ist es am wichtigsten, sich darüber klar zu sein, daß das, was Sie jetzt tun, Ihnen vielleicht diese eine Nacht erleichtert, aber zur gleichen Zeit Ihr Kind irgendwie belohnt und zu weiterem Aufwachen ermuntert.
Wenn Ihr Kind inmitten eines spannenden Films im Fernsehen aufwacht, ist es sehr verführerisch, es mit rauszunehmen, anstatt mit dem Kind auf seinem Zimmer zu bleiben, und möglicherweise den interessantesten Teil des Films zu versäumen. Das ist auch in Ordnung, vorausgesetzt, Sie sind sich dessen bewußt, daß dem Kind das Schmusen vor dem Fernsehen gefällt und es nun jedesmal dieselbe Prozedur erwartet, wenn es aufwacht. Es ist wahrscheinlich besser, einige Unannehmlichkeiten jetzt in Kauf zu nehmen, als sehr viele in der Zukunft. Dasselbe trifft zu, wenn Sie Freunde zu Besuch haben oder bei anderen Gelegenheiten, wenn Ihr Kind vorzieht, bei Ihnen zu sein, anstatt allein in seinem Zimmer zu bleiben.
Jenny war vier Jahre alt und hatte immer gut geschlafen – bis zu

einem Samstagabend. An diesem Tag brütete sie eine Grippe aus und wachte um 10 Uhr mit Ohrenschmerzen auf. Ihre Eltern hatten Freunde zum Abendessen eingeladen, Freunde, die Jenny nicht mehr gesehen hatten, seit sie ein paar Wochen alt war. Denise, ihre Mutter, wollte die Party nicht abbrechen und nahm Jenny mit hinunter zu den Freunden. Jenny stand nun ganz im Mittelpunkt der Aufmerksamkeit und genoß dies sichtlich. Sie bekam dann noch ein Stück Schokolade, man spielte mit Hingebung Hoppereiter mit ihr und jedem machte es Spaß, mit Jenny zu scherzen.

Am nächsten Abend wollte sie nicht einschlafen. Jedesmal, wenn Denise Ihr Zimmer verließ, weinte und schrie sie und wollte nach unten ins Wohnzimmer. Offensichtlich erwartete sie denselben Spaß wie die Nacht zuvor. Sie machte einen solchen Zirkus, daß sie schließlich doch zum Kuscheln nach unten gebracht wurde. Dort war zwar keine Party, doch es war schön warm, und es gab Musik und Unterhaltung.

Dies ist eine der relativ seltenen Gelegenheiten, wo die einzige Antwort gewesen wäre, darauf zu bestehen, daß sie in ihrem Zimmer bleibt. Wenn es offensichtlich ist, daß das Kind eine Gewohnheit daraus ableitet, aus seinem Zimmer zu dürfen, weil es sich eine Form von Belohnung erwartet, kann diese Methode vielleicht zum Erfolg führen. Denise hatte einige schlimme, fast unerträgliche Abende mit Jenny auszustehen, bestand aber darauf, daß sie nicht mehr nach unten dürfte, bis schließlich Jenny die »Botschaft« kapierte und zum normalen Schlaf zurückkehrte.

Ich sage nicht, daß Sie ihr Kind *nie* zur Schlafenszeit aus seinem Zimmer lassen sollen. Aber es ist wirklich lohnenswert, wenn sie solche Ausflüge so kurz und unattraktiv wie möglich gestalten. Wenn ein durstiges Kind nach etwas zu trinken verlangt, sollten Sie ihm ein Glas bringen und, wenn es ausgetrunken hat, wieder gehen. Wenn sich daran aber eine kleine Geschichte, ein Lied oder Schmusen anschließt, wird niemand verwundert sein, daß das Kind noch einmal etwas trinken will, sobald sie die Tür zu seinem Zimmer wieder von außen zumachen. In gleicher Weise müssen einfache und übliche Ursachen für Schlafprobleme, die wir im folgenden behandeln, zwar mit Liebe und Konsequenz

gehandhabt werden, künftige Implikationen sollte man jedoch immer im Auge behalten.
Ich kann nicht oft genug betonen, daß diese Vorschläge nur für diejenigen Eltern zutreffen, die glauben, sie hätten ein Problem. Wenn es Ihnen Freude macht, wenn Ihr Kind den ganzen Abend mit Ihnen verbringt, ist das vollkommen in Ordnung und Sie werden sich auch über solche Wachzeiten keine Sorgen machen.

Die Schlafumgebung

Die einfachste aller Ursachen von Schlafproblemen kann vielleicht mit der direkten Umgebung des schlafenden Kindes zusammenhängen. Wenn Sie von Ihrem Kind erwarten, daß es einen beträchtlichen Teil seines Lebens zufrieden in seinem Schlafzimmer verbringt, sollte es auch ein angenehmer und freundlicher Ort sein, wo man sich wohlfühlen kann. Vermeiden Sie es, das Schlafzimmer als Drohmittel einzusetzen. Wenn Sie Ihr Kind zur Strafe auf sein Zimmer schicken, dürfen Sie sich nicht darüber wundern, wenn es zur Schlafenszeit auch nicht dorthin will.

Zimmerschmuck

Wenn Ihr Kind alt genug ist, versuchen Sie es bei der Auswahl der Dekoration für die Wände, seien es Bilder, Poster oder die Tapete, miteinzubeziehen. Natürlich behalten Sie sich das letzte Entscheidungsrecht vor, besonders, wenn z. B. der Wunsch geäußert wird, die eine Wand rosa, die andere orange und die Decke lila zu gestalten. Vielleicht finden Sie heraus, daß bestimmte Dinge geändert werden müssen, wie z. B. ein Muster auf dem Vorhang, das bei Tageslicht sehr reizvoll aussieht, in der Nacht aber, wenn der Mond durchscheint, vielleicht wie ein schreckliches Monster erscheint. Wenn Ihr Kind Angst vor seinem Zimmer hat, ist es sinnvoll, nach solchen möglichen Ursachen zu forschen.

Beleuchtung

Das Licht kann sehr wichtig sein. Ein älteres Kind mag es gewöhnlich gern, wenn es das Licht selbst an- und ausschalten kann, am besten von seinem Bett aus. Viele Kinder haben vor der Dunkelheit Angst und meistens wird ihnen das von den Eltern auch beigebracht. Das ist gar nicht so merkwürdig, wie es klingt. Wenn ein Kind bei Nacht aufwacht und schreit, wird seine Mutter bestimmt kommen und als erstes das Licht anknipsen. Wenn sie das Zimmer wieder verläßt, knipst sie das Licht wieder aus. Licht wird so in Verbindung mit Trost und Geborgenheit gebracht, die Dunkelheit mit Alleinsein. Wenn es eine praktikable Möglichkeit gibt, wie Sie diese Konditionierung vermeiden können, versuchen Sie es. Schalten Sie das Licht – oder zumindest das Hauptlicht – nicht an, wenn es möglicherweise auch ohne geht.

Kinder, die vor der Dunkelheit Angst haben, werden oft von einem schummerigen Nachtlicht beruhigt. Noch besser ist ein »Dimmer«-Schalter für das Hauptlicht. Jede Nacht kann damit das Licht ein bißchen dunkler gestellt werden, ohne daß das Kind eine Veränderung bemerkt.

Natürlich können Sie das Mondlicht nicht so leicht manipulieren, obwohl Sie die Stoffdicke der Vorhänge verändern können. Man möchte annehmen, daß jahreszeitliche Unterschiede wie z. B. die Temperatur oder die Länge der Nacht die Schlafgewohnheit des Kindes beeinflussen, doch eine Untersuchung mit 200 Londoner Kindern aus dem Jahr 1957 ergab, daß keine Beziehung zwischen jahreszeitlichen Unterschieden und den Schlafproblemen von drei Monate alten Kindern bestand, d. h. daß Babys, die zu unterschiedlichen Jahreszeiten geboren waren, zu gleichen Teilen Schlafprobleme hatten.

Fenster

Unter Erwachsenen kann die Diskussion über offene oder geschlossene Fenster zu erhitzten Streitereien führen. In Paul Simons Lied ›You're Kind‹ auf seinem »Still Crazy After All These Years«-Album ist dieser Disput sogar der Grund für das

Scheitern einer Beziehung. Das ist nichts Neues. In der Ausgabe des homöopathischen Vademecums von 1883 schrieb E. Harris Ruddock folgendes: ›Luftige, wohlventilierte Schlafräume sollten zu den wichtigsten Anforderungen des Lebens zählen, sowohl für gesunde als auch für kranke Menschen. Wenn einer es auf sich nehmen will, in der Sonne zu stehen und seinen eigenen Schatten auf einer weiß getünchten Wand zu betrachten, wird er leicht feststellen, daß sein ganzer Körper eine dampfende Masse Fäulnis darstellt, mit einer Ausdünstung, die aus jeder Pore seines Körpers tritt. Diese Ausdünstung ist fein, scharf und eine Beleidigung für den Geruchssinn. Wenn sie im Körper bleibt, stirbt sie ab, doch wenn sie wieder absorbiert wird, wird sie hochgiftig. So unangenehm es ist, bei einem solchen Thema zu bleiben, so muß man doch wahrheitsgemäß feststellen, daß die Ausdünstungen der menschlichen Lunge und der Haut – wenn sie nicht mit einer ständigen Sauerstoffzufuhr vermischt werden – zum abstoßendsten gehören, mit dem wir in Berührung kommen.‹
Dies ist ein klassischer Fall einer ungerechtfertigen Schlußfolgerung, die aus einer Beobachtung gemacht wurde. Ich werde vielleicht nicht in hundert Jahren damit zitiert werden, doch alles was ich dazu sagen kann, ist, ›Tun Sie, was Sie wollen.‹ Ich persönlich mag geöffnete Fenster lieber. Zur Zeit hält Katy die ihren geschlossen, seit ihr ein Schulfreund erzählt hat, daß Hexen hereinkommen, wenn sie die Fenster offenläßt. Beide Möglichkeiten sind in Ordnung.

Lärm

Lärm oder jede Art von Geräusch stellt einen wichtigen Faktor dar. Moderne Häuser und Wohnungen haben oft sehr dünne Wände und es ist unvermeidlich, daß Sie hören können, was sich draußen abspielt, sowohl außerhalb der Wohnung, als auch in der Wohnung oder dem Haus selbst. Eltern tun weit besser daran, in der übrigen Wohnung ihren Beschäftigungen ganz normal weiter nachzugehen, als sich besonders ruhig zu verhalten, damit das Kind einschlafen kann. Genauso wie Erwachsene, die in der Stadt leben, den Verkehrslärm nicht mehr hören – der für einen vom Land ohrenbetäubend klingt – so haben sich die Kinder an die normalen Haushaltsgeräusche gewöhnt. Denken Sie nur an Ihre eigene Kindheit zurück. War es nicht viel angenehmer, wenn man das Gemurmel von Stimmen und das Topfgeklapper aus den anderen Zimmern draußen noch hören konnte? Ein kleiner Geräuschpegel hilft, das Gefühl der Einsamkeit, das Ihr Kind zur Schlafenszeit vielleicht überfällt, zu bekämpfen. Kinder reagieren eher nervös auf Stille, als auf den Alltagslärm, obwohl sie natürlich von einer Discoparty, die unter Ihnen veranstaltet wird, genauso gestört werden wie Sie.

Das Bett

Alles, was in punkto Bett zählt, ist, daß das Kind sich darin wohlfühlen sollte. Die meisten Babys schlafen in einem Gitterbett und der Zeitpunkt, zu dem sie in ein normales Bett wechseln sollten, ist schwer zu bestimmen. Am besten vielleicht dann, wenn das Baby über den Rand des Bettes klettern kann. Wenn es das kann, ist es besser in einem normalen Bett aufgehoben. Es bleibt natürlich nicht so leicht darin, doch dafür kann nichts passieren, wenn es aus dem Gitterbettchen herausklettert. Achten Sie darauf, daß das Gitterbett, das Sie benützen, auch sicher ist. Die Gitterstäbe sollten nicht weiter als etwa sieben Zentimeter auseinanderstehen, weil schon Fälle passiert sind, in denen Kinder dabei gestorben sind, als sie ihren Kopf durch weiter auseinanderstehende Gitterstäbe gesteckt haben. Achten Sie auch darauf, daß keine Schrauben frei herausstehen, da sich Kleidung darin verhaken und dies zu Strangulierungen führen kann.
Das klingt ziemlich grausam, in der Regel ist die Schlafenszeit jedoch nicht so gefährlich. Schläft Ihr Kind erst einmal in einem normalen Bett, dann liegt die Gestaltung des Betts und des Bettzeugs ganz bei Ihnen.

Bettzeug und Wärme

Es ist wichtig, daß Babys und Kinder im Bett warm genug eingepackt sind. Ein Kind, das sich mit Händen und Füßen immer wieder aufdeckt und dann im kühlen Schlafzimmer ohne Zudecke daliegt, wacht leicht auf. Dieses Auskühlen zu verhindern ist eine einfache Art, eine Ursache von Schlaflosigkeit zu bekämpfen. Das Schlafzimmer selbst sollte angenehm warm sein, besonders für ganz kleine Babys, aber achten Sie darauf, daß es während des Abends nicht überhitzt ist. Es wäre gut, wenn sich ein eigener Thermostat im Kinderschlafzimmer befände, so daß die Temperatur dort einigermaßen konstant bleiben kann.
Wie das Deckbett aussieht, ist weitgehend Geschmacksache. Manche Eltern bevorzugen Daunenplumeaus, andere Wolldekken mit Laken. Wenn sich Ihr Kind immer wieder aufdeckt, wäre sicherlich ein Schlafsack angebracht. In den ersten Wochen ist es nicht so günstig, da Neugeborene lieber in eine Wolldecke eingewickelt werden wollen, aber danach kann ein Schlafsack verhindern, daß das Kind auskühlt. Achten Sie immer darauf, daß der Schlafsack groß genug ist. Eine Alternative zum Schlafsack wäre, die Bettdecke am Bettrand mit Klammern zu befestigen.
Kopfkissen sollten im ersten Lebensjahr nicht verwendet werden, da theoretisch die Gefahr des Erstickens besteht. Später ist die Form und das Material des Kopfkissens eine Frage des persönlichen Geschmacks.

Langeweile und Alleinsein

Bedenken Sie, daß Ihr Kind sein Schlafzimmer als vielleicht langweilig empfindet. Deshalb sollten sich eine bestimmte Anzahl von Spielsachen, Büchern, Mobiles usw. in diesem Zimmer befinden, um die Zeit nach dem Gute-Nacht-Sagen bis zum Einschlafen überbrücken zu helfen. Darüber hinaus hält es das Kind beschäftigt, wenn es ein Frühaufsteher ist.
Ihr Kind hat vielleicht nicht nur Langeweile, es mag sich auch einsam fühlen. Wenn Sie zwei Kinder haben, schlafen sie vielleicht besser in einem Zimmer als getrennt. So schrieb mir eine

Mutter: ›Jemand riet uns, Paul, der schlecht schlief, in dasselbe Zimmer wie seine Schwester zu legen. Wir dachten, das wäre verrückt und würde nur dazu führen, daß er seine Schwester auch aufweckt und wir doppelt soviel Ärger haben. Wir versuchten es aber trotzdem und siehe da, es geschah genau das Gegenteil.‹ Mit Zwillingen kann das ähnlich sein und man sollte es wirklich einmal versuchen.

Trinken und das Töpfchen

Einem Kind, das regelmäßig vor Durst aufwacht, kann man ein Glas Wasser neben das Bett stellen. Es ist nicht bewiesen, daß das Kind, das während der Nacht etwas zu trinken bekommt, eher ins Bett macht (siehe Seite 103f.). Aber es kann verhindert werden, daß das Kind nach einem ruft. Ähnlich verhält es sich mit dem Auf's-Klo-Gehen. Wenn Sie dem schon etwas älteren Kind ein Töpfchen hinstellen, kann vermieden werden, daß Sie gestört werden.

Seelische Probleme

Bei Erwachsenen werden schlaflose Nächte häufiger von seelischen als von körperlichen Problemen verursacht, und solche Ursachen können auch bei Kindern – sogar bei ganz kleinen – eine sehr wichtige Rolle spielen. Der Vater oder die Mutter im Krankenhaus, die ersten Tage im neuen Kindergarten oder in der Schule, ein neues Baby in der Familie, der Tod eines Haustiers oder sogar die Vorfreude auf Weihnachten – all das sind Ereignisse, die den normalerweise entspannten Schlaf des Kindes durcheinanderbringen können. Das Verständnis für die Sorgen Ihres Kindes, ein Gespräch mit ihm, beruhigende oder erklärende Worte – mit all dem können Sie Ihrem Kind helfen.
Auch Sarahs Eltern fanden dies schließlich heraus. Sarah war sechs Jahre alt und begann schlecht zu schlafen, als ihr Brüderchen auf die Welt kam. Sie lag nachts wach, weinte bitterlich und ihre Eltern verzweifelten immer mehr. Sie waren sich sicher, daß sie eifersüchtig war und betonten jeden Tag aufs neue, wie sehr sie sie lieb hatten. Doch es schien nicht zu helfen.

Sie versuchten mit ihr zu reden, schmusten mit ihr, kauften ihr kleine Geschenke – doch alles umsonst. Dann gab ihnen Sarahs Lehrer den Hinweis, nach dem sie gesucht hatten. Sarah hatte in der Schule ein Bild von einem Soldaten mit einem Schwert gemalt. Als sie gefragt wurde, wer das sei, antwortete sie: ›Das ist der Soldat, der die kleinen Buben umbringt.‹ Nach und nach konnte man die Geschichte entschlüsseln. Kurz vor der Geburt ihres Bruders hatte Sarah die biblische Geschichte über König Herodes gehört, der alle männlichen Babys töten ließ, auf daß auch das Jesuskind getötet würde. Sarah hatte, wie alle Sechsjährigen, keine Vorstellung von Geschichte. Sie war davon überzeugt, daß auch ihr Bruder getötet würde. Sie war also gar nicht eifersüchtig, sondern im Gegenteil: sie liebte ihren Bruder abgöttisch, und je netter ihre Eltern zu ihr waren, desto überzeugter war sie davon, daß sie die Tatsache, daß er bald tot sein werde, vertuschen wollten. Als sie dann beruhigt wurde, daß dies nicht der Fall sei, fand sie auch zu ihrem normalen Schlafrhythmus zurück.

Solche seelischen Faktoren können bereits in den ersten Lebensjahren eine wichtige Rolle spielen, und selbst ganz kleine Babys reagieren auf den Streß der Eltern und auf Veränderungen in der familiären Atmosphäre. Es kann sich auch ein besonders bösartiger Teufelskreis entwickeln, wenn das Baby merkt, daß die Eltern gestreßt sind, es daraufhin schlecht schläft und somit den Streß der Eltern noch verschlimmert. Solch eine Kettenreaktion kann sich sehr schnell zu einer riesengroßen Tragödie aufschaukeln.

Das übermüdete Kind

Das Kind, das einen sehr aktiven und aufregenden Tag hinter sich hat, ist manchmal zu müde zum Schlafen. Diese Erfahrung habe ich mit meinen Kindern schon öfter gemacht. Obwohl sie körperlich erschöpft sind, wollen sie nicht einschlafen. Dies liegt wahrscheinlich am ehesten am eigenen Versäumnis, die »Überdrehtheit« des Kindes richtig ausklingen zu lassen, ohne daß sich die Situation noch mehr aufschaukelt. Die Möglichkeiten, wie man sein Kind auf das Schlafengehen vorbereitet, werden im nächsten Kapitel behandelt.

Hunger

Hunger ist bei älteren Kindern selten ein Problem, doch bei Babys wird er oft als Ursache für Schlaflosigkeit genannt. Die meisten Mütter, deren Babys nachts aufwachen, reagieren natürlicherweise damit, daß sie es füttern. Die Tatsache, daß das Baby die Nahrung annimmt, kann nicht als absoluter Beweis dafür gelten, daß der Hunger es auch aufgeweckt hat. Es ist eine landläufige Meinung, daß ein gutgefüttertes Baby mit einem vollen Magen tief und friedlich schläft, bis es wieder etwas zum Essen braucht, doch es hat sich gezeigt, daß dies nicht immer der Fall ist. Manche Babys, die nicht so wohlgenährt sind, schlafen länger als gut gefütterte Babys, und der Zusammenhang zwischen Füttern und Schlafen ist nicht so eng wie manche Leute glauben.

Dies hätte keine große Bedeutung, wenn es die Art und Weise, wie die Mutter mit dem Kind umgeht, entscheidend beeinflussen würde. Eine Mutter, die mit dem Glauben aufgewachsen ist, daß richtiges Füttern das Baby auch gut schlafen läßt, zieht natürlich leicht die umgekehrte Schlußfolgerung, nämlich, daß ein Kind, das nicht richtig schläft, unterernährt ist. Um dem abzuhelfen, werden dem Baby dann viele Extramahlzeiten gegeben.

Deshalb wird auch dem Kind, das z. B. aufwacht, weil es einen Zahn bekommt, eine Kolik hat oder Gefühle von Einsamkeit spürt, einfach eine Extraportion Milch – oft verdickt mit Haferschleim – gegeben. Das Resultat ist dann, daß das Kind nicht nur zahnt, Blähungen hat, einsam und wach ist, sondern auch dick wird. Die Ergebnisse einer solchen Überfütterung sind nur allzu sichtbar.

Bei den normalen Fütterzeiten eines kleinen Babys sind Mahlzeiten in der Nacht unvermeidbar. Nach und nach kann damit aber zum Glück aufgehört werden, doch viele Mütter sehen darin eine besondere Leistung, einen Fortschritt, den ihr Kind gemacht hat. Deshalb geben sie oft, wenn das Baby wieder in der Nacht

aufwacht, diese Nachtmahlzeit nur widerwillig und sehen es als Rückschritt an, als etwas, worüber man sich schämen müßte.
Es ist viel besser, wenn man dies nicht als Versagen empfindet und wenn man schrittweise die Fütterzeiten des Babys seinen eigenen, »sozialeren« Zeiten anpaßt. Zum Beispiel kann es besser sein, wenn Ihr Baby normalerweise um 1 Uhr morgens zu einer Nachtmahlzeit aufwacht, diese vorwegzunehmen und es schon, wenn Sie zu Bett gehen, zu einer Nachtmahlzeit aufzuwecken. Das Kind bekommt sein Essen und Sie fühlen sich wesentlich besser. Sie werden bestimmt nicht mehr aus Ihrem tiefsten Schlaf gerissen, dem Kind schadet es nicht und Ihnen bestimmt auch nicht. Wenn es dadurch ein bißchen früher am Morgen aufwacht, ist das wesentlich besser, als mitten in der Nacht aufgeweckt zu werden. Das ist bestimmt einen Versuch wert, obwohl es nicht immer zum Erfolg führt.
Bei älteren Kindern ist Hunger nur selten ein Problem, aber falls doch, so kann man damit meist leichter umgehen.

Essen

Über den Zusammenhang von verschiedenen Arten von Nahrung und der Qualität des Schlafes wird viel diskutiert. Alle möglichen Sorten von Nahrungsmittel haben den Ruf, entweder schlafförderlich oder -hinderlich zu sein, doch die meisten der Vorschläge basieren eher auf traditionellem Glauben als auf wissenschaftlicher Erkenntnis. Zum Beispiel sagt man von Käse, daß er lebhafte Träume verursache, doch da jeder jede Nacht träumt und »lebhaft« eine äußerst schwer zu messende Qualität darstellt, kann man sich auch über diesen Zusammenhang nicht so ganz sicher sein.
Eine Studie aus dem Jahr 1934 untersuchte den Zusammenhang von verschiedenen Nahrungsmitteln und dem Schlaf von Kindern und fand heraus, daß das Essen, das vor dem Schlafengehen eingenommen wurde, eine starke Wirkung auf die Qualität des Schlafes hat. Die Studie ergab im besonderen, daß schwer verdauliches Essen – definiert als langsam verdauliches Essen, das Blähungen verursachen kann – häufiger zu Schlafstörungen

führte als normales Essen. Unglücklicherweise wurde normales Essen nicht definiert. Ein weiteres Ergebnis war jedoch, daß beide Essen – das schwer verdauliche und das »normale« – häufiger gestörte Nächte verursachte, als ein leichtes Abendessen aus Cornflakes und Milch, was für mich eine Bestätigung des alten Hausrezepts bedeutet, wenn man nicht schlafen kann, ein Glas Milch zu trinken.
Viele der Ratschläge für die richtige Kindernahrung kommen aus den Reihen der großen Babynahrungshersteller und sind deshalb nicht objektiv. Der Zeitpunkt des letzten Essens ist im allgemeinen unwichtig, Babys schlafen oft unmittelbar nach dem Füttern ein, bei älteren Kindern schiebt sich meistens die abendliche Routine des Waschens, Vorlesens oder Fernsehens zwischen Abendessen und Zu-Bett-Gehen. Es ist nicht von Vorteil, dem Kind kurz vor dem tatsächlichen Schlafengehen noch etwas zu essen zu geben, aber falls dies doch geschieht, ist das Zähneputzen hinterher von großer Bedeutung.
Viele Eltern berichteten davon, daß ihre Kinder viel schlechter schliefen, nachdem sie Nahrung zu sich genommen hatten, die Zucker enthielt, doch es gibt für diese Beobachtung bis jetzt keinen wissenschaftlichen Beweis. Es mag trotzdem nützlich sein, Beobachtungen, auch bei anderen Nahrungsmitteln, im Kopf zu behalten und zu notieren, wenn sie zu schlechtem Schlaf geführt haben. Ich werde etwas später auf andere potentiell wichtige Aspekte von Nahrungsmittel eingehen, wenn ich die Wirkung von Nahrungszusätzen auf den Schlaf beschreibe, besonders bei hyperaktiven Kindern.
Was den Schlaftrunk betrifft, gibt es keinen Zweifel, daß Milch oder Wasser den Fruchtsäften vorzuziehen sind – und sei es den Zähnen zuliebe. Milch hat anscheinend eine beruhigende Wirkung (siehe Das Zu-Bett-Geh-Ritual auf Seite 79f.).

Das »Bäuerchen«

Wenn ein Baby schreit, wird seine Mutter es in der Regel aufnehmen und während sie es liebkost, wird es wahrscheinlich sein »Bäuerchen« machen. Der Grund für sein Schreien liegt auf

der Hand: es hat wegen seiner »Gase« Schmerzen und das Bäuerchen erlöste es von diesem Schmerz.
So einleuchtend dies auch klingen mag, versuchen Sie es einmal anders zu betrachten. Ein schreiendes Kind schluckt viel Luft, wenn es schreit und brüllt. Wird es aufgenommen, so wird es in einer aufrechten Position gehalten, was es der geschluckten Luft leichter macht, zu entweichen. Vielleicht hatte es also nur aus Langeweile geschrieen, oder weil ihm kalt war, und die »Gase« waren mehr ein Resultat als die Ursache seines Weinens.
Viele Eltern glauben, daß das »Bäuerchen« lebensnotwendig ist. Es besteht kein Zweifel daran, daß Babys solche »Gase« haben, doch inzwischen bestätigen auch Ärzte, daß häufig zuviel Wind darum gemacht wird. Wenn Ihr Baby ein »Bäuerchen« macht, versuchen Sie nicht gleich anzunehmen, daß dies auch der Grund für sein Schreien gewesen ist.
Viele Leute glauben, daß diese »Gase« sich im Magen formieren. Doch es ist einfach die Luft, die geschluckt wurde. Babys, die nach dem Essen viele »Bäuerchen« machen, haben während der Nahrungsaufnahme auch viel Luft geschluckt. Die gegenteilige Folgerung liegt auf der Hand: wenn Ihr Kind kein »Bäuerchen« macht, hat es einfach auch nicht soviel Luft geschluckt.
Am besten gehen Sie mit dem Problem um, wenn Sie darauf achten, daß Ihr Kind während der Nahrungsaufnahme nicht zuviel Luft schluckt. Bei flaschenernährten Babys hilft, wenn man das Saugloch etwas größer macht und stillende Mütter wenden oft den Trick an, daß sie vorher ein bißchen Milch herausdrücken. »Gase« sind also meist nicht die Ursache für schlechten Schlaf; sie können auch nicht plötzlich in der Nacht auftreten und das Baby aufwecken, obwohl das schreiende Kind – das aus einem anderen Grund schreit – vielleicht auch ein »Bäuerchen« macht, wenn es hochgenommen wird.

Die Kolik

Die Kolik ist eine faszinierende Erscheinung, nicht zuletzt, weil eine Kontroverse unter medizinischen Fachleuten darüber besteht, ob es sie überhaupt gibt oder nicht.

Auf den ersten Blick scheint es seltsam, daß es so eine Kontroverse überhaupt gibt. Obwohl niemand eine völlig überzeugende Erklärung für sie hat, so ist doch bekannt, daß ansonsten ganz gesunde Babys in den ersten Lebensmonaten Koliken haben. Sie bestehen aus periodischen Anfällen durchdringenden Geschreis, offensichtlich verursacht von beachtlichen Schmerzen, die gewöhnlich abends auftreten und einhergehen mit dem Krümmen der Beine, lautem Rumoren im Bauch und einer starken Gasentwicklung. Die Symptome enden meist nach drei oder vier Lebensmonaten. In einer in England gemachten Studie hörten sie bei 54% nach zwei Monaten, bei 85% nach drei und bei 100% nach vier Monaten auf.
Warum sollte es darüber einen Disput geben? Es klingt nach einer relativ klar umrissenen Erscheinung, obwohl niemand ihre Ursachen kennt. Wie es der Kinderexperte Dr. Hugh Jolly beschreibt, krümmen alle Babys ihre Beine nach oben, wenn sie schreien, um so den »Winden« freien Lauf zu lassen. Dr. Jolly und andere Ärzte sind der Meinung, daß viel zu oft von Koliken gesprochen wird. Das Schreien in den Abendstunden kann bedeuten, daß das Baby spürt, daß seine Mutter müde ist, oder daß sie noch mehr gestreßt ist, weil gerade der Vater von der Arbeit heimkommt. Es kann aber auch bedeuten, daß das Baby um diese Uhrzeit schlicht Langeweile hat und brüllt, weil es Gesellschaft haben will und ihm nach spielen zu Mute ist. Ärzte, die diese Auffassung teilen, sind der Meinung, daß das Rumoren im Bauch und das offensichtliche Unwohlsein eher durch das Schreien verursacht werden, als selbst die Ursache dafür zu sein.
Ich bin mir da nicht so sicher. Es besteht kein Zweifel darüber, daß Ärzte und Eltern gerne eine Etikettierung für etwas – wie z. B. das Schreien – brauchen, doch gelegentlich stimmt dieses Etikett nicht. Meine beiden Kindern hatten in den ersten drei Monaten solche Schreianfälle und diese klangen ganz anders wie ihr sonstiges Schreien. Ich hatte wirklich den Eindruck, sie hätten Schmerzen. Ich weiß zwar nicht, ob das stimmt, oder ob Dr. Jolly recht hat, und ich nur annahm, sie hätten Schmerzen, weil sie schrieen. Für mich klang es jedoch wirklich ganz anders als ein Schreien aus Hunger oder Zorn.
Professor Ronald Illingworth von der Sheffield University ist fest

davon überzeugt, daß es Koliken gibt. Er untersuchte alle möglichen Ursachen, auch die Skepsis, die auf diesem Gebiet herrscht, und kam zu der Überzeugung, daß die Kolik eine rein körperliche Erscheinung ist, wahrscheinlich verursacht von blockierten Gasen in den Windungen der Gedärme.
Eine besonders interessante Studie zu diesem Thema wurde auch vom Rochester Gesundheitscenter für Kinder in New York durchgeführt. Es wurde untersucht, ob die Wahrscheinlichkeit, daß ein Kind Koliken hat, im Zusammenhang mit dem Alter der Mutter, ihrer sozialen Herkunft, dem Geschlecht des Babys, der Geburtenfolge, der Gewichtszunahme, der Art, wie es gefüttert wird oder im Zusammenhang mit einer Allergie, die in der Familie auftritt, steht. Es stellte sich heraus, daß keine dieser Kriterien wichtig war. Von allen möglichen Ursachen, die zur Zeit diskutiert werden, ist die These von der Unverträglichkeit von Kuhmilch die am weitesten verbreitete. Die Tatsache, daß gestillte Babys gleichermaßen Koliken bekommen können, kann man damit erklären, daß die Proteine der Kuhmilch ebenso durch die von der Mutter getrunkenen Kuhmilch in die Muttermilch gelangen. Man muß aber hinzufügen, daß es noch keinen Beweis von der These der Milchunverträglichkeit gibt, doch der Versuch lohnt sich, bei Babys, bei denen die Koliken über die übliche Zeit hinaus bestehen bleiben, die Milch entweder bei der Mutter oder beim Baby abzusetzen.
Andere Untersuchungen wollten eine Verbindung zwischen den Koliken und psychologischen Faktoren bei der Mutter herausfinden, doch es ergab sich kein Zusammenhang von seelischen Problemen der Mutter und den Koliken der Babys. Allerdings wurde herausgefunden, daß Koliken etwas häufiger bei Babys von Müttern mit überdurchschnittlicher Intelligenz vorkamen.

Das Zahnen

Mark Twain schrieb einmal, den großen Vorteil, den Adam und Eva gegenüber allen Nachkommen hatten, war der, daß sie keine Zähne bekommen mußten. Zyniker behaupten zwar, daß das Zahnen nichts weiter als Zähne produziert, es kann aber auch

Schmerzen, Geschrei, Schlaflosigkeit und auch Sabbern verursachen. Viele Eltern machen das Zahnen für die verschiedensten Krankheiten verantwortlich, wie z. B. Bronchitis, Fieber oder sogar Krämpfe, es besteht aber kein Zweifel daran, daß das Zahnen dafür nicht die Ursache sein kann. Obwohl diese Krankheiten auftreten können, *wenn* ein Kind Zähne bekommt, treten sie jedoch nicht *wegen* des Zahnens auf. Jeder Arzt kennt den Fall, daß Eltern ihr Kind, das eine ernsthafte Erkrankung hat, zu spät bringen, weil sie gedacht haben, es wäre nur das Zahnen.

Das Zahnen verursacht am meisten Probleme während der Zeit, in der die vier Backenzähne durchkommen, meist zwischen dem ersten Lebensjahr und 18 Monaten. Dies ist auch die Phase, in der es am wahrscheinlichsten ist, daß das Kind deswegen aufwacht. Es wurde jedoch festgestellt, daß das Zahnen schon bei Kindern ab dem dritten Monat Schmerzen verursachen kann, wenn sich die Spitzen der Zähne strecken und schließlich durch das äußere Gewebe des Kieferknochens durchstoßen.

Wichtig dabei ist, sich die Frage zu stellen, was kann ich eigentlich tun? In früheren Zeiten verwendete man die verschiedensten Substanzen, wie z. B. Hasenhirn, Honig, Salzmixturen oder Hühnerfett, und von Plinius wurde berichtet, daß er im Jahr 23 vor Christus Schnitte am Zahnfleisch vorgenommen hat. In der heutigen Zeit gibt es eine Reihe von angenehmeren Behandlungsformen. Viele Eltern verwenden die verschiedensten Gele, die auf das entzündete Zahnfleisch gerieben werden, doch gottlob sind die alten quecksilberhaltigen Zahnpuder endlich vom Markt verschwunden. Die am häufigsten verwendeten Gele enthalten Salicylate – der aktive Wirkstoff von Aspirin. Diese Gele sind bei Säuglingen und Kleinkindern äußerst problematisch, empfehlenswerter sind Gele auf pflanzlicher Basis.

Es gibt auch Gele, die ein lokalwirkendes Anaestheticum enthalten, doch, obwohl sie schnell wirken, hält der Effekt nicht lange an. Ein Versuch hatte zum Ergebnis, daß die Mittel gegen die Schmerzen beim Zahnen wirkungsvoll sind und es wurden keine bemerkenswerten toxischen Reaktionen festgestellt, obwohl leichte örtliche Irritationen auftreten können.

Die Gele werden mit einer sauberen Fingerspitze aufgetragen.

Das gleichzeitige Massieren des Zahnfleischs hilft sicherlich allein schon, Erleichterung zu verschaffen. Zwieback oder jedes harte Keks, an dem das Baby kauen kann, hilft ebenso beim Zahnen, wie Plastikringe oder andere Gegenstände. Das wichtigste ist dabei, daß sie biegsam sein müssen, nicht zu dünn oder zerbrechlich, und daß es Qualitätsprodukte sind. Billige Ringe enthalten möglicherweise Farbe mit einem hohen Bleigehalt.
Das Kauen hilft, daß der Zahn herauskommt und das Aufschneiden des Zahnfleischs ist sehr selten notwendig. Der Schmerz kann jedoch oft schlimm genug sein, um die Verabreichung eines schmerzstillenden Mittels zu rechtfertigen. Diese Medikamente sollten nie prophylaktisch »für den Fall, daß« angewendet werden, sondern nur wenn das Zahnen auch wirklich mit Schmerzen und Schlaflosigkeit einhergeht. Es gibt dafür zahlreiche Präparate. Es ist äußerst wichtig, die Dosierungshinweise genauestens zu beachten, wie Sie es bei einem Medikament für einen Erwachsenen auch tun würden. Eltern geben gerne nochmal einen Extralöffel »zum Gesundwerden«, doch das verdoppelt möglicherweise die Dosis eines starken Präparats und sollte unter allen Umständen vermieden werden. Und wenn Ihr Kind nach der Verabreichung der Medizin immer noch Schmerzen zu haben scheint, gehen Sie am besten zu Ihrem Arzt, um es gründlich untersuchen zu lassen. Ihre Diagnose, daß es nur zahnt, kann vielleicht falsch sein.

Nasse Windeln

Kinder, die noch Windeln tragen, können leicht von unbequemen nassen Windeln in der Nacht aufgeweckt werden. Viele Eltern verwenden deshalb doppelte Stoffwindeln mit einer zusätzlichen Vlieseinlage. Heutzutage verwenden viele Mütter ausschließlich die Höschenwindeln zum einmaligen Gebrauch, doch sogar diejenigen, die speziell für die Nacht angeboten werden, saugen sich sehr schnell voll. Deshalb empfiehlt es sich, auch in diese Höschenwindeln noch eine Extra-Vlieswindel für die Nacht einzulegen.

Andere schmerzhafte Zustände

Die Koliken und das Zahnen sind nicht die einzigen schmerzhaften Erscheinungen, die kleine Kinder bekommen können. Die Schmerzen, die eine Ohreninfektion verursacht, können das Kind auch vom Schlaf abhalten, ebenso wie eine Halsentzündung, Husten, Erkältung oder ähnliche Infektionen, bis hin zum Hautausschlag wegen der nassen Windeln. Diese Zustände sind alle sehr verbreitet und viele ansonsten ganz normale Kinder haben mindestens fünf oder sechs Hals- oder Ohreninfektionen pro Jahr. Was immer die Ursache dafür sein mag, besonders wichtig ist es, das Kind wirkungsvoll von seinen Schmerzen zu erleichtern. Obwohl Ihr Arzt dem Kind bei einer Ohreninfektion möglicherweise Antibiotika verschrieben hat, kann es doch einige Zeit dauern, bis diese wirken. Wenn Sie sich darüber im Unklaren sind, ob sie zusätzlich noch ein Schmerzmittel verabreichen dürfen, fragen Sie nach. Und wenn Ihr Kind mitten in der Nacht einen solchen Anfall hat, warten Sie nicht händeringend auf den Doktor am nächsten Tag. Geben Sie ihm ausnahmsweise dann lieber doch ein Schmerzmittel, das Ihnen der Kinderarzt für Notfälle verschrieben hat.

Ekzeme

Viele Eltern die über ihre schlaflosen Kinder berichteten, erzählten mir verzweifelt von den Problemen, die sie mit ihren Kindern haben, die an Ekzemen leiden. Dieser Hautausschlag, der ungefähr eines von zehn Babys befällt, kann mit quälendem Juckreiz verbunden sein und Kinder mit Ekzemen liegen oft stundenlang wach und kratzen sich. Je mehr sie sich kratzen, desto mehr juckt es. Und Sie wissen ja selbst, wie es ich mit dem Jucken verhält – selbst der Versuch, es zu ignorieren, schlägt fehl. Wenn Ihr Kind an Ekzemen leidet, können Antihistamine sehr nützlich sein. Sie mildern nicht nur den Juckreiz, sondern wirken in der richtigen Dosierung auch als Schlafmittel.
Medikamente sind nicht die einzige Behandlungsform von Ekzemen. Es ist wichtig, das Problem gründlich mit dem Kinderarzt

zu besprechen und möglichen Ursachen auf die Spur zu kommen, wie z. B. Allergien auf bestimmte Nahrungsmittel, die ein auslösender Faktor sein können. Auch Selbsthilfegruppen bieten Unterstützung und Rat an.
Bei manchen Kleinkindern hört das Problem nach wenigen Monaten auf zu existieren, bei anderen kann es sich über Jahre hinziehen, verschwindet aber für gewöhnlich mit der Pubertät. Unglückliche 10 Prozent jedoch haben dieses Problem ein ganzes Leben lang.

Schwierigkeiten mit dem Zubettgehen

Ab und zu eine schlaflose Nacht ist erträglich. Das Kind, das mit Ohrenschmerzen schreiend im Bett liegt, macht einem Sorgen und kann auch sehr ermüdend sein. Wenn ein Kind jedoch entweder nicht ins Bett gehen will oder immer wieder Nacht für Nacht aufwacht, Woche für Woche, hat man dabei ganz andere Gefühle.
Was einem bei einem »schlaflosen« Kind so ganz besonders erschöpft und entnervt, ist die Beständigkeit, der man nicht entrinnen kann. Wenn Sie sicher sein könnten, daß Sie zumindest eine ruhige Nacht in der Woche hätten, würde Sie bereits die Vorfreude auf diese Nacht für alles entschädigen. Aus eigener Erfahrung und auch von vielen anderen Leidensgenossen weiß ich, daß allein der Gedanke, jede Nacht dieses Problem zu haben, so belastend ist, und dieses Langzeitproblem zur reinen Qual macht.
Es gibt verschiedene Muster, wie sich dieses Langzeitproblem manifestiert. Zu Anfang gibt es zunächst Schwierigkeiten, die direkt mit dem Schlafengehen verbunden sind. Dann gibt es die Kinder, die ihre Eltern wiederholt in der Nacht aufwecken und schließlich diejenigen, die ihre Eltern sehr früh am Morgen aus dem Schlaf reißen. Es lohnt sich, jedes dieser Muster für sich zu betrachten, obgleich viele Kinder in mindestens zwei oder sogar in alle drei Kategorien passen.

Eine Untersuchung aus dem Jahr 1980 an 124 Kindern, die ihren Eltern Probleme bei dem Schlafen bereiteten, fand heraus, daß 35% der Kinder sich weigerten, vor den Eltern Schlafen zu gehen. Wie ich bereits sagte, spielt der Zeitpunkt, zu dem die Kinder zu Bett gehen, solange keine Rolle, wie die Eltern mit dem getroffenen Arrangement zufrieden sind. Was jedoch eine Rolle spielt, ist, daß Eltern oft am Abend für sich sein wollen. Der Abend ist die Zeit, wo man gerne dasitzt und sich entspannt, liest oder fernsieht, oder einfach Spaß an der gegenseitigen Gesellschaft hat. Wenn einer oder auch beide tagsüber außer Haus arbeiten, ist der Abend die einzige Zeit, in der man zusammen sein kann. Daraus resultiert, daß ein schreiendes Kind, das ewige Rufen nach der Milch, Getrappel auf der Treppe und die dauernden Mammi, Mammi-Rufe ziemlich nervend sein können. Macht es den Eltern nichts, wenn ihr Kind auf ist und die Zeit mit ihnen verbringt, so gibt es auch kein Problem.

Probleme mit dem Zu-Bett-Gehen können viele Formen annehmen. Das Kind weigert sich generell, ins Bett zu gehen und erhebt lautstarke Einwände, wenn es dorthin gebracht wird. Es weigert sich vielleicht, mit einem der Eltern ins Bett zu gehen und geht nur mit dem anderen. Es geht ganz gerne zu Bett, macht aber einen Riesenterror, wenn der Vater oder die Mutter den Raum verlassen will und schläft nur dann ein, wenn ein Elternteil dabeibleibt. Vielleicht besteht es auf ein bestimmtes Zu-Bett-Geh-Ritual, das äußerst zeitraubend ist. Das Kind schöpft daraus jedoch ein großes Gefühl der Sicherheit.

Das ganze Ritual des Zu-Bett-Gehens wird noch später in diesem Kapitel detailliert behandelt, doch einige Faktoren, die die Situation verschlimmern können, sollen bereits jetzt erwähnt werden. Vielleicht besteht das Kind darauf, daß alle Lichter an sind oder aus, daß die Türe in einem ganz bestimmten Winkel offenbleibt, daß die Fenster und Vorhänge offen sein sollen oder nicht, oder daß sich bestimmte Spielsachen genau am richtigen Ort befinden. Falls diese Anordnungen nicht völlig aus dem Rahmen fallen, besteht kein Anlaß, nicht auf diese Sonderwünsche einzugehen. Sie geben dem Kind mehr Sicherheit und es kommt oft genug vor, daß Kinder in die Schule anfänglich ihren liebsten Spielkameraden, z. B. eine Teddybären mitnehmen, der ihnen Trost und ein Gefühl von daheim gibt. Irgendwann läßt dieses Bedürfnis nach Sicherheit nach, aber solange es noch gebraucht wird, schadet es ganz bestimmt nicht.

Das Kind, das einen wirklich verrückt macht, läßt Sie nicht aus dem Schlafzimmer heraus, ohne daß es kreischt und schreit. Der traditionelle Ratgeber hatte dafür nur immer eine Antwort: »Bleiben Sie stark«. Es gibt kaum einen Aspekt in der ganzen Diskussion über Schlafprobleme, der soviel Kontroversen hervorruft. Manche Eltern und Ärzte bestehen darauf, daß das »Hartbleiben« die einzige Möglichkeit ist. Andere wiederum behaupten, daß dies nie eine echte Lösung darstellt und zitieren zur Unterstützung ihrer Auffassung die These, die ich schon zuvor beschrieben habe. Danach zeigten Forschungsergebnisse, daß Schlafprobleme nicht durch die Art und Weise, wie Eltern darauf reagieren, verursacht werden; es schien wahrscheinlich zu sein, daß die Handlungen der Eltern eher eine Reaktion auf die schon vorhandenen Schlafstörungen darstellten.

Wie in allen Kontroversen dieser Art besteht kein Zweifel, daß die Wahrheit wohl irgendwo zwischen diesen beiden Extremen liegt. Schlafstörungen spielen erst dann eine Rolle, wenn es den Eltern Probleme macht. Manche Kinder brauchen eine lange Zeit, bis sie endlich einschlafen; andere wachen in der Nacht auf. Es liegt klar auf der Hand, daß daran niemand schuld ist, sondern ein Bündel von Ursachen zu Grunde liegen kann. Was zählt, ist die Reaktion darauf; was geschieht in einem Haushalt, wenn das Kind nicht einschläft oder mitten in der Nacht aufwacht? Mit anderen Worten, wenn ein Kind jammert und weint, wenn Sie sein Zimmer verlassen, sich dann aber umdreht und schläft, ist es kein Problem. Wenn jedoch zum Beispiel ein übervorsichtiger Vater oder eine Mutter beim ersten Schreien sofort ins Zimmer hineinplatzt, das Licht andreht und dabei auch noch laut ist, dann ist es unvermeidlich, daß das Kind wach bleibt und ein unnötiges Problem entsteht.

Für diese letztere Gruppe von Eltern und auch für weniger extreme Fälle, mag die »Schreien-lassen-Methode« zweckmäßig sein. Zum Beispiel schlägt Dr. Benjamin Spock in einer Elternzeitschrift vor, daß es klüger ist, nicht wieder ins Kinderzimmer zu gehen, wenn ein Kind jammert oder weint. Er rät außerdem, daß man mit einem zweijährigen Kind, das immer wieder aus seinem Bettchen herausklettert, streng umgehen muß. Ein Vorschlag ist, ein Netz über das Bettchen zu spannen, um so ein Herausklettern zu verhindern. Er gesteht zwar ein, daß er sich nicht sicher sei, ob dies psychologisch einwandfrei wäre, meint jedoch, es wäre zumindest besser als andauerndes Schimpfen. Nach drei bis vier Nächten, so Dr. Spock, sei mit dieser Verfahrensweise das Problem meist erledigt, auch, wenn das Kind dabei heftig schreie.

Diese »Schreien-lassen-Methode« hilft bei manchen Babys und Kindern bestimmt. Sie kann bei Einschlafproblemen und beim nächtlichen Aufwachen erfolgreich sein. Es lohnt sich also, sie auszuprobieren, und sie funktioniert oft ziemlich rasch, obwohl Sie ein paar Nächte lang das Schreien in verschiedenen Stärken aushalten müssen. Gewöhnlich kann man schon in der ersten oder zweiten Nacht sehen, ob die Methode erfolgversprechend ist. In der ersten Nacht schreit Ihr Kind vielleicht ein halbe Stunde lang, bevor es einschläft. In der nächsten Nacht ist die Zeit – wenn alles gut geht – schon kürzer, vielleicht 20 Minuten. Innerhalb einer Woche hat das Baby gelernt, daß sein Schreien sinnlos ist und das Problem hat sich erledigt.

Eine Mutter, die mir schrieb, lobte diese Methode enthusiastisch. Ihr Arzt hatte ihrem Baby ein Mittel zum Einschlafen verschrieben, doch es bekam einen Hautausschlag darauf. Weiter schreibt sie: ›Als der Arzt den Ausschlag sah, legte er seinen Rezeptblock beiseite und sagte: »Lassen Sie es schreien.« Ich war ängstlich, aber auch erfreut. Wenn er das nur schon am Anfang gesagt hätte. Alles was ich brauchte, war moralische Unterstützung und die Bestätigung eines Experten. Die harte Methode des »Schreienlassens« hat mir im Umgang mit meinen Kindern mehr Selbstvertrauen gegeben.‹

Für diese Mutter und für viele andere ist diese Methode zweifelsohne ein Erfolg. Die oben erwähnte Mutter wußte genau, was sie tun wollte, traute aber ihrem eigenen Urteil nicht. Ein wesentlicher Faktor im Umgang mit Schlafproblemen ist, daß Sie tun, was *Sie* für richtig halten. Kümmern Sie sich nicht darum, was Experten, Nachbarn oder Verwandte sagen, solange Sie zufrieden damit sind, was Sie tun und daß Ihre Methode funktioniert. Wenn Sie die »Schreien-lassen-Methode« ausprobieren wollen, aber darauf gewartet haben, daß Ihnen jemand sagt, das wäre in Ordnung, probieren Sie es ruhig aus.

Es gibt jedoch viele Eltern, für die diese Methode nicht akzeptabel ist. Viele haben es schon ausprobiert und enorme Schwierigkeiten damit gehabt. Leider haben in der Vergangenheit viel zu viele Ratgeber das »Schreienlassen« als einzige Methode dargestellt und behauptet, daß Eltern, bei denen sie nicht funktioniert, es nicht konsequent genug versucht haben. Das stimmt so nicht. Es kann eine Reihe von Gründen geben, warum die Methode scheitern kann. Zum ersten mag sie sich für eine Familie, die in einem kleinen Appartement oder einem Haus mit dünnen Wänden wohnt, als völlig unpraktikabel erweisen. Zum anderen – und das wiegt noch viel schwerer – widerstrebt sie gefühlsmäßig vielen Eltern. Die Natur hat den Schrei des Babys so eingerichtet, daß er enorm starke Gefühle bei den Eltern auslöst. Wenn Schreien nicht diese Wirkung hätte, wäre es für das Kind nutzlos. Ebenso kann das Klingeln des Telefons ein äußerst unangenehmes Geräusch sein, doch es wurde absichtlich so konzipiert. Hätte es einen beruhigenden Ton, würde es ignoriert und wäre damit wertlos. Dasselbe trifft für das Schreien zu.

Wenn eine Mutter ihr Baby schreien hört, weiß sie, daß es Kummer hat, und dieses Schreien zu ignorieren kann unerträglich schwer sein. So hat ein Arzt einmal seine Sorge darüber geäußert, daß Eltern möglicherweise unsensibel für die Bedürfnisse ihrer Kinder werden, wenn sie dies absichtlich tun. Die »Schreien-lassen-Methode« hat ganz sicher dann die besten Erfolgschancen, wenn Eltern das Schlafproblem selbst verursacht haben. Zum Beispiel würde sie wahrscheinlich funktionieren, wenn ein Kind deshalb Schlafprobleme entwickelt hat, weil es am Abend immer noch ins Wohnzimmer gebracht wurde, um Freunden der Eltern gezeigt zu werden.

Die meisten Eltern versuchen es mit der »Schreien-lassen-Methode«. Wie andere Ärzte auch, höre ich mehr von den Fällen, in denen sie versagt hat. Wenn sie erfolgreich war, gibt es kein Problem mehr und ich erfahre dann logischerweise weniger davon. In den Briefen, in denen mir Eltern mit Langzeitproblemen schrieben, kam zu einem Großteil eine extreme Unzufriedenheit und auch Besorgnis über diese Methode zum Ausdruck. Eine Mutter schrieb mir: ›Mein Arzt riet mir, ich sollte ihn brüllen lassen. Das war der sinnloseste Ratschlag, den man jemandem geben kann. Ein gesundes Kind kann viel länger schreien, als eine am Boden zerstörte Mutter aushalten kann.‹ Dennoch, dieser Art wird wohl nach wie vor am meisten von Ärzten, Gesundheitsberatungsstellen und Freunden erteilt. Eine andere Mutter zitierte ihren Arzt, wie er sagte: ›Sie müssen stark sein. Weigern Sie sich vierzehn Tage lang, das Kind zu liebkosen. Das wird die Hölle, aber es funktioniert.‹ In der ersten Nacht schrie ihr Kind drei Stunden lang. In der zweiten Nacht gab sie schließlich nach, nachdem sie dem Schreien von 2 Uhr bis 4 Uhr morgens zugehört hatte. Ich, für meinen Teil, kann sie dafür nicht kritisieren. Die fast einhellige Meinung der Betroffenen scheint dazu zu sein: ›Ich bin mir sicher, daß die Leute, die solche Ratschläge austeilen, nie selbst mit dem Problem konfrontiert waren.‹

Bei dem Kind, das weiter und weiter schreit, muß die Methode trotzdem nicht ein völliger Mißerfolg sein, sie muß nur besser und klarer strukturiert werden. Manche Eltern versuchen es mit anderen Methoden, zum Beispiel indem sie das Kind, das nicht ins Bett gehen will, im Wohnzimmer einschlafen lassen, und es dann auf Zehenspitzen ins Schlafzimmer tragen, wo es dann in dem Moment, in dem es ins Bett gelegt wird, wieder aufwacht. Andere Eltern versuchen es mit Ausflügen mit dem Auto, die Babys oft zum Einschlafen bringen, doch wieder scheitert oft der Transfer ins Schlafzimmer.

Ein Kind, das nur mit einem der Eltern ins Bett geht, und mit dem anderen nicht, manipuliert diese ganz schön überlegt und kann bei den Eltern enorm schlechte Gefühle und auch Sorgen verursachen. Derjenige, dem die Ehre zukommt, mit dem Kind ins Bett zu gehen, fühlt sich sowohl insgeheim geschmeichelt, als auch gleichzeitig übers Ohr gehauen, weil immer er diese Aufgabe erfüllen muß. Derjenige, mit dem sich das Kind weigert, ins Bett zu gehen, fühlt sich zurückgestoßen, ist wütend und möglicherweise sogar eifersüchtig.

Dieses spezielle Problem kann, häufiger als bei anderen Schlafstörungen, leichter analysiert und auf mögliche Ursachen zurückverfolgt werden. Bei den meisten Familien kommt der Vater erst kurz vor der Schlafenszeit des Kindes von der Arbeit heim. Die zwei haben sich den ganzen Tag nicht gesehen, und deshalb ist es nicht verwunderlich, daß sie zusammen spielen wollen. Solche Spiele werden mitunter ziemlich heftig und so passiert es dann, daß die Mutter hereinkommt und verkündet, es sei Zeit zum Schlafengehen, wenn die beiden gerade wild miteinander raufen und spielen. Der Vater wie das Kind werden wie ungezogene Schulkinder in ihre Schranken verwiesen und es verwundert nicht, daß das Kind nach dem Vater verlangt und nicht mit der Mutter gehen will, wenn es ans Zu-Bett-Gehen geht. In dieser Situation kommt noch ein weiterer Faktor erschwerend hinzu: das Kind soll nach einer wilden Spielstunde ins Bett, ohne die Zeit dafür zu bekommen, wieder ein paar Gänge »herunterzuschalten«.

An diesem Punkt können enorme Konflikte entstehen. Die Mutter reagiert vorwurfsvoll, weil sie sich den ganzen Tag um das Kind kümmern mußte, Essen gekocht hat, die Windeln gewechselt hat usw., während ihr Mann den ganzen Tag außer Haus war. Es scheint irgendwie ungerecht zu sein, daß er nun den ganzen Spaß mit dem Kind haben soll, während sie die ganze Arbeit hatte. Dieser Groll kann die Stimmung im Haus zur Schlafenszeit entscheidend bestimmen. Im umgekehrten Fall kann der Vater das Gefühl bekommen, er versäume die schönen Erlebnisse mit seinem Kind und fühlt sich zutiefst abgelehnt, wenn das Kind nur mit seiner Mutter schlafengehen will.

Kinder beobachten sehr genau und finden schnell heraus, welche Wirkung ihr Verhalten auf die Eltern hat. Sie bemerken, daß ein Elternteil besonders nett ist oder mit ihnen spielt, wenn er oder sie ausgewählt wird, und daß der andere sich offen ärgert, wenn dies geschieht. Ein Kind kann sogar denjenigen bestrafen wollen, der ihn im Laufe des Abends vielleicht geschimpft hat, indem es ihn oder sie zur Schlafenszeit ablehnt.

Wenn Sie derartige Probleme haben, versuchen Sie herauszufinden, was sich in Ihrer Familie abspielen mag. Betrachten Sie die Situation von jedem in der Familie und analysieren sie die

Wirkung, die dieses Problem auf die Person ausübt. Wenn das Kind nur einen der Eltern zum Zu-Bett-Gehen akzeptiert, versuchen Sie herauszufinden, warum der eine akzeptiert und der andere abgelehnt wird. Vielleicht wird es dann möglich sein, das Zu-Bett-Geh-Ritual zu verändern.
Ein Ehepaar erzählte mir, daß Sie mit dieser Methode besonders erfolgreich waren. Ihre Tochter bestand immer darauf, nur mit Richard, dem Vater, zu Bett zu gehen. Richard schmuste immer mit ihr, las ihr eine Geschichte vor und brachte sie dann manchmal zu Bett, während zu anderen Gelegenheiten Sally, seine Frau, hereinkam und versuchte, ihr Kind ins Bett zu legen. Sally wurde jedesmal abgelehnt. Das kleine Mädchen schlief bei ihr nie richtig ein. Als sie dann aber herausgefunden hatten, was sich zur Schlafenszeit im Haushalt abspielte, lag die Antwort auf der Hand. Richard sorgte dafür, daß Sally während der Vorbereitungen für das Zu-Bett-Gehen nicht immer in die Küche verschwinden mußte. Sie teilten sich die Vorbereitung des Abendessens zu gleichen Teilen auf. Dadurch fand auch Sally die Zeit, sich vor dem Schlafengehen mit ihrer Tochter zu beschäftigen. Zuerst war Richard von dieser Idee nicht begeistert, weil er fand, daß Sally den Tag über genug Zeit hätte, mit dem Kind zu spielen, während die Abendstunden für ihn die einzige Gelegenheit darstellten. Nach wenigen Tagen aber war jedem klar, welch harmonische Wirkung diese Veränderung auf das gesamte Familienleben hatte.

Das Zu-Bett-Geh-Ritual

Wenn das Zu-Bett-Gehen damit abgetan wäre, das Kind auf sein Zimmer zu bringen und ihm eine gute Nacht zu wünschen, gäbe es immer noch genügend Probleme, die die Eltern zur Verzweiflung treiben. So einfach ist es also nicht. Sieht man sich die Versuche vieler Eltern an, ein chaotisches und freches Energiebündel in einen ruhigen und entspannten Engel zu verwandeln, grenzt dies sowieso an ein Wunder, und man ist erstaunt, daß Kinder überhaupt ins Bett gehen. Schlafenszeit bedeutet weit mehr als einfach Zu-Bett-Gehen. Sie ist ein ausgeklügeltes Ritual, das mehr an emotionalem Kontakt, Familientraditionen und auch Freude mit sich bringt, als jeder andere Aspekt des Elternseins.

Leider ist es jedoch unvermeidlich, daß jede Aktivität, die großes Vergnügen bereitet, auch enorme Probleme verursachen kann.

Modernes Leben bedeutet ein Leben nach Zeitplan. Die Aktivitäten in einem Haushalt konzentrieren sich häufig um die Essenszeit herum, was dadurch noch verschlimmert wird, daß die Erwachsenen und die Kinder um diese Zeit meistens zur Arbeit oder zur Schule gehen müssen. Jedes kleine Kind wird die Voraussehbarkeit des wiederkehrenden Rhythmus erkennen und sich daran gewöhnen. Am Morgen geht es laut zu, wenn sich jeder anzieht, das Frühstück wird von unterschiedlichen Chaosgraden begleitet und darauf folgt eine friedliche Stille, wenn eines der Eltern und die älteren Kinder das Haus verlassen haben. Solch ein Rhythmus zieht sich durch den ganzen Tag und wirkt für das kleine Kind beruhigend und verschafft ihm Sicherheit.

Wenn es an das Zu-Bett-Gehen geht, ist für Kinder eine Fortsetzung der Routine am besten. Gerade die Schlafenszeit ist von allen Aktivitäten des Tages für das Aufstellen einer Routinehandlung am geeignetsten. Es spielt keine Rolle, ob die tatsächliche Zu-Bett-Geh-Zeit immer gleich ist oder nicht, solange an einer allgemeinen Routine – einer Art Ritual – festgehalten wird. Für Kinder, die das Bett nur noch als etwas Unangenehmes empfinden, einen Ort der Tränen und der Qual, kann eine fröhliche Routine das seelische Thermometer gewaltig steigen lassen.

Es liegt mir fern, Regeln aufzustellen, wann das Kind zu Bett gehen sollte. Dies ist etwas, was jede Familie für sich selbst entscheiden muß. Man kann zwar sagen, daß manche Kinder zu spät und manche zu früh ins Bett gebracht werden, doch solche Aussagen kann man nur treffen, wenn man die Wirkung auf das Kind beobachtet. Was »zu spät« für das eine Kind ist, mag die »richtige Zeit« für ein anderes sein. Das Hauptkriterium für die richtige Zeit sollte vielleicht die Persönlichkeit des jeweiligen Kindes selbst sein, außerdem sind Faktoren, wie z. B. um welche Zeit das Kind am Morgen aufgewacht ist und wieviel es am Tag geschlafen hat, zu berücksichtigen. Aus meiner eigenen Erfahrung und der vieler Briefeschreiber läßt sich sagen, daß es ziemlich sinnlos ist, eine frühere oder auch leichtere Schlafenszeit »erkaufen« zu wollen, indem man das Kind am Tag wachhält. Wenn ein Kind absichtlich am Schlafen gehindert wird, wird es »überdreht« und leicht reizbar, beides Zustände, die das Zu-Bett-Bringen sicherlich nicht erleichtern. Durch einen grausamen Trick der Natur gewinnt ein Kind, das ein kurzes Nachmittagsschläfchen hält, wieder Energien, die es vielleicht für zwei bis drei Extrastunden wachhalten.

Es ist offensichtlich sinnlos, kleine Kinder – besonders die zwei- bis dreijährigen – ins Bett zu bringen, wenn sie hellwach sind. Schon der gesunde Menschenverstand sagt einem, daß man seine Zeit vergeudet. Derselbe gesunde Menschenverstand sagt einem ebenso, daß körperliche Betätigung – besonders ein rasantes Spiel im Freien – dazu beiträgt, daß das Kind leichter einschläft. Dabei kommt es aber auf eine zweckmäßige Routine zwischen dem Spielen und dem Zu-Bett-Gehen an. Wenn man ein Kind, das gerade im Garten gespielt hat, sofort ins Bett schickt, hat man logischerweise ein »aufgedrehtes«, beleidigtes und bestimmt auch dreckiges Bündel im Bett. Selbst wenn es nur mit Spielzeug gespielt hat, sollte nichts überstürzt werden. Wenn Sie ihm das Spielzeug aus der Hand reißen, wird es sich kaum zum Schlafen entspannen. Man läuft immer Gefahr, dies zu tun, wenn man selbst ausgehen will, und natürlich dem Babysitter kein spielendes Kind übergeben will. Also planen Sie im voraus und lassen Sie sich Zeit.

Die tatsächliche Zeit, zu der die Eltern ihre Kinder ins Bett bringen, wurde von dem Forscherpaar Newson in ihrer Studie über die Erziehung Vierjähriger in der Großstadt beleuchtet. Danach gingen 70% der Kinder zwischen 6 Uhr 30 und 8 Uhr ins Bett. Im allgemeinen schickten Mittelschichtseltern ihre Kinder früher ins Bett als Eltern aus Arbeiterfamilien. In anderen Ländern mag die Zeit ganz verschieden sein. In Südeuropa zum Beispiel, gehen die Kinder viel später ins Bett.

Das alte Konzept jedoch, an das ich mich aus meiner Kindheit noch erinnere und nach dem Kinder eines bestimmten Alters zu einer festen Zeit zu Bett gehen *müssen,* ist überholt. Es scheint trotzdem eine vernünftige Idee zu sein, die Zu-Bett-Geh-Zeiten je nach Alter etwas zu staffeln. Das ältere Kind verübelt es den

Eltern vielleicht, wenn es zur selben Zeit wie sein jüngeres Geschwisterchen ins Bett geschickt wird. Wenn es ein bißchen länger aufbleiben darf, betrachtet es dies sowohl als Privileg, als auch als »spezielle Zeit«, die es allein mit seinen Eltern verbringen darf.

Eines der Vorteile, die in der Entwicklung eines Zu-Bett-Geh-Rituals liegen, ist, daß das Kind weiß, was von ihm erwartet wird. Wenn es eine Nacht zu Bett gebracht und dann alleingelassen wird, die nächste Nacht eine Geschichte vorgelesen bekommt und wieder an einem anderen Abend fernsehen darf, kann dies Verwirrung bei dem Kind auslösen. Jede Familie entwickelt ihr eigenes Zu-Bett-Geh-Ritual, ein Ritual, das sich meist stark an die Erinnerung der Eltern an ihre eigene Kindheit anlehnt. Mir sind schon zahllose Varianten zu Ohren gekommen. Eine, die sich über Jahrhunderte bewährt hat, ist ein warmes Bad. Es ist eine ausgezeichnete Methode, Ihr Kind auf das Schlafengehen vorzubereiten. Ihr Kind wird nicht nur – mit einigem Glück – dabei sauber, sondern das Baden ist außerdem sehr entspannend und bietet ein natürliches Intermezzo zwischen dem Spielen und dem Schlafengehen. Es sollte Spaß machen und genügend Zeit zum Ausziehen und Spielen lassen. Für viele ist es offensichtlich ein sehr privater und intimer Bereich des Familienlebens und nur den engsten Freunden und Verwandten, die sich zufällig im Haus befinden, wird gewöhnlich erlaubt, zuzusehen oder zu helfen. Kämpfe um die Länge der Badezeit sollten möglichst vermieden werden, obwohl sie sich manchmal nicht ganz vermeiden lassen. Manche Kinder könnten die ganze Nacht in der Badewanne verbringen, wenn ihnen erlaubt würde, immer wieder ein bißchen heißes Wasser nachlaufen zu lassen. Das anschließende Schmusen und Liebkosen gibt dem Kind die Chance, wieder ein bißchen Baby zu sein und den körperlichen Kontakt zuzulassen, den es zu anderen Gelegenheiten so häufig ablehnt.

Nachdem das Kind abgetrocknet und für die Nacht angezogen worden ist, entsteht meist noch eine kurze Zeitspanne vor dem tatsächlichen Schlafengehen. Dies ist gewiß nicht die Zeit für aufregende Spiele, sondern eine Zeit zum Schmusen, Entspannen und gemütlichem Zusammensein der Familie. Es mag schrecklich reaktionär klingen, wenn ich sage, daß hier nach meinem Gefühl das Fernsehen die Freuden des Familienlebens verdrängt hat. Fernsehen hat in vielen Familien die Gute-Nacht-Geschichte und Schlaflieder ersetzt. Vielleicht haben die Geschichtenerzähler ähnlich gestöhnt, als der Buchdruck erfunden wurde, doch ich finde, daß beim Geschichtenvorlesen weit mehr Intimität und auch Freude entsteht, als wenn man ein Fertigprodukt der Unterhaltung konsumiert. Ich glaube nicht, daß Fernsehen in irgendeiner Weise schädlich ist, aber es ist einfach traurig, wenn zwischen dem Fernsehsender und den Kindern mehr Kommunikation besteht, wie zwischen den Eltern und ihren Kindern. In vielen Familien ist dies bereits der Fall.

Was das Vorlesen von Geschichten betrifft, gibt es auch Unterschiede in den sozialen Schichten. Die Newsons fanden in ihrer Studie sogar massive Unterschiede heraus. Während zum Beispiel die Mehrheit der Mittelschichteltern ihren Kindern Geschichten vorlas, waren es bei Familien, in denen der Hauptverdiener ein ungelernter Arbeiter war, nur eine von sieben. Dazu bemerkten die Newsons, daß Eltern aus der Arbeiterschicht die Geschichten eher als kindischen Zeitvertreib ansahen, während die der Mittelschicht sie als weit wichtiger betrachteten – sowohl in sozialer, als auch in erzieherischer Hinsicht.

Es kann nie zu früh sein, einem Kind vorzulesen. Warten Sie nicht damit, bis das Kind alt genug ist, um Geschichten, Kinderreime oder Lieder zu verstehen. Vor allem Reime haben einen Rhythmus, der selbst den kleinsten Babys gefällt, und wenn man so ein kleines Baby auf seinem Schoß hat und ihm ein Bilderbuch »vorliest«, ist das alles andere als eine Zeitverschwendung. Ganz im Gegenteil, dies ist selbst für das kleinste Kind ein Anfang, es auf das Lesenlernen vorzubereiten. Solche Fähigkeiten, wie z. B. das Wissen in welche Richtung man ein Buch liest und die Tatsache, daß es lustig ist, können dazu beitragen, daß das Kind Lesen eher mit Vergnügen als mit Arbeit in Verbindung bringt. Ebenso muß man nicht aufhören, dem Kind etwas vorzulesen, wenn es schon selbst lesen kann. Ich weiß von vielen Familien, in denen die Teenager immer noch eine Zu-Bett-Geh-Geschichte vorgelesen bekommen und es ihnen auch großen Spaß macht, obwohl sie tot umfallen würden, wenn ihre Freunde das herausbekämen.

Viele Kinder lieben es, die gleiche Geschichte immer und immer wieder aufs neue zu hören. Christopher hat mich bestimmt mindestens hundertmal gebeten, ihm das köstliche kleine Buch *Ein Tiger kommt zum Tee* vorzulesen. Eine scheinbar alberne Geschichte von einem Tiger, der in einem Haus einer Familie alles, was er zum Essen und Trinken finden kann, verzehrt und dabei die Familie immer mehr verwirrt, war für ihn von unveränderter Faszination. Mich langweilte sie bald. Als ich nach den ersten fünfzigmal Lesen einmal ein Wort verändern und die Geschichte kürzen wollte, beschwerte er sich heftigst. Auch wenn Kinder eine Geschichte bereits auswendig kennen, haben sie immer wieder Freude daran, sie wieder zu hören.
Der vielleicht erfolgreichste Kinderbuchautor der Welt ist Roald Dahl. Seine Geschichten, wie zum Beispiel *Charlie und die Schokoladenfabrik,* haben schon zahllose Kinder zur Schlafenszeit entzückt und besitzen darüber hinaus noch genügend Humor und interessante Stories, um die »leidenden« Eltern zufriedenzustellen, während sie sie laut vorlesen. Mich hat oft die Tatsache erstaunt, daß darin Kapitel häufig einen gruseligen Schluß haben, und die Kinder daraufhin doch zufrieden einschlafen. Roald Dahl erkärte dazu, daß er versucht habe, Kapitel von einer bestimmten, im Bett vorlesbaren Länge zu schreiben, und daß er sie deshalb oft mit etwas Aufregendem enden lassen mußte. ›Ich glaube nicht, daß irgendein Kind von meinen Geschichten Alpträume oder andere Angstzustände bekommt. Immer, wenn ich etwas »schlimmes« schreibe wird es durch Humor gemildert, so daß das Lachen die Angst beim Zuhörer verdrängt. Nach meiner Meinung wäre das, was bei den Kindern Alpträume verursachen würde, reine, humorlose Blutrünstigkeit oder einfach humorloser Horror in den Geschichten. So etwas mache ich nie. Das Gehcimnis liegt bestimmt darin, immer witzig zu sein und diese Witzigkeit mit einer lebhaften, bewegenden Geschichte und einer Menge Spannung zu verbinden.‹
Ein anderer äußerst erfolgreicher englischer Kinderbuchautor, Roger Hargreaves – bekannt durch Bücher wie *Unser Herr Glücklich* – sagt, jüngere Kinder bräuchten Bücher mit einem Bild auf jeder Seite und einem Witz zum Schluß, und Eltern bräuchten Bücher, die sie in fünf Minuten vorlesen könnten,

damit sich die Gute-Nacht-Zeremonie nicht zu lang ausdehne. Zum Glück wissen einige Autoren, was Eltern brauchen, aber wissen sie auch, wer die Bücher schließlich auswählt?
Althea Braithwaite, eine weitere sehr erfolgreiche Kinderbuchautorin erzählte folgendes über Zu-Bett-Geh-Geschichten: Viele Kinder unterschieden nicht zwischen Wirklichkeit und Geschichte und sie habe viele Kinder kennengelernt, die zum Beispiel ein Buch über den Besuch beim Zahnarzt oder über einen Krankenhausbesuch jede Nacht als Geschichte hören wollen. Eine Mutter kam einmal auf einer Buchmesse auf sie zu und wollte eine schon ganz zerfetzte Ausgabe eines Buches darüber, wie man Feuer bekämpft, von ihr signiert bekommen. Ihr Sohn ließ es sich drei Jahre lang jeden Abend vorlesen!
Geschichten können auch von den Eltern selbst erfunden werden, und viele erfolgreiche Kinderbuchautoren fingen damit an, sich Geschichten für ihre eigenen Kinder auszudenken. Doch ob sie nun selbst erfunden oder vorgelesen werden – Geschichten bringen eine enge, verbale Kommunikation zwischen den Eltern und dem Kind. Solch eine verbale Kommunikation kann sich auch am Bett des Kindes abspielen, wenn man sich zum Kind hinsetzt und ein bißchen über den vergangenen oder den kommenden Tag plaudert. Solche Gespräche klingen oft ganz unbedeutend, sind aber für Eltern und Kind gleichermaßen nützlich und lohnenswert. Für religiöse Familien kann ein Gebet dieselbe Funktion haben.
Die andere, sehr verbreitete verbale Methode ist das Singen von Kinder- und Schlafliedern. Kinderlieder werden von Generation zu Generation weitergegeben, obwohl heutzutage eher die Lieder in den Werbesendungen deren Platz im Liedschatz der Kinder eingenommen haben. Diese kurzen, melodischen und leicht zu merkenden Liedchen des Werbefernsehens gehen den kleinen Kindern so leicht ins Ohr, daß sie sie alle trällern, egal ob sie die leiseste Ahnung von deren Inhalt haben oder nicht. Auch die meisten Schlaflieder sind traditionellen Ursprungs, obwohl viele Eltern eigene erfinden. Gelegentlich finden sie sogar Eingang in das Repertoire von Liedermachern. Ein Beispiel dafür ist Paul Simons *St. Judy's Comet,* in dem seine Verzweiflung zum Ausdruck kommt, seinen Sohn nicht zum Schlafen bringen zu

können – ein Gefühl das wir alle kennen – und John Lennons bewegendes Schlaflied auf seinen Sohn Sean, *Beautiful Boy.*
Viele Kinder trinken, während sie eine Geschichte hören oder fernsehen, noch ein warmes Getränk. Dies hilft den Kindern, sich zu beruhigen, aber es gibt auch bemerkenswerte Beweise dafür, daß es die Qualität des Schlafs verbessert. Meines Wissens nach gab es in letzter Zeit keine Untersuchung über diese Wirkung bei Kindern, doch mehrere Studien beschäftigten sich mit der Wirkung auf das Schlafverhalten Erwachsener. Ein Aufsatz im *British Medical Journal* aus dem Jahr 1972 verglich, welche Wirkung der Genuß eines heißen Milchgetränks und eines heißen Getränks aus Getreidekörnern – genannt Horlicks – auf den Schlaf hatten, verglichen mit der Wirkung die eintrat, wenn ein Glas heißes Wasser verabreicht wurde. Horlicks und Milch reduzierten die Anzahl von kleinen Bewegungen, die vom Schläfer zwischen 4 Uhr und 7 Uhr früh gemacht werden. Es war dem Bericht nicht zu entnehmen, ob Horlicks oder Milch diesen Effekt auslösten. Eine frühere Studie fand heraus, daß Milch – in den Zwölffingerdarm von Katzen eingeführt – den Anteil der REM-Schlafphasen erhöhte. Die Forscher nahmen an, daß dies etwas mit der Ausschüttung des Wirkstoffs Cholecystokinin zu tun hat.
Eine andere Studie mit Horlicks und Milch wurde am Institut für Psychiatrie an der Universität von Edinburgh 1972 durchgeführt und hatte zum Ergebnis, daß die Getränke den unruhigen Schlaf von zehn jungen Erwachsenen verbesserten. In einer Gruppe von älteren Erwachsenen stellte sich heraus, daß sich der Schlaf nach dem Genuß von Horlicks und Milch über einen längeren Zeitraum erstreckte und weniger von Wachperioden unterbrochen war. Die Autoren folgerten, daß eine psychologische Erklärung unwahrscheinlich sei. Suggestion mag die Einschlafphase beeinflussen, doch es sei sehr unwahrscheinlich, daß sie mit der verbesserten Qualität des Schlafs mitten in der Nacht etwas zu tun haben könne. Man könnte die Ergebnisse auch auf Kinder übertragen und es könnte – vorausgesetzt die Zähne sind geputzt und Fettleibigkeit verhindert – bei ihnen keinen Schaden anrichten, sondern sich im Gegenteil als hilfreich erweisen.
Milch enthält die Aminosäure L-Tryptophan, die selbst vielleicht

schlaffördernde Wirkstoffe enthält. Manche Erwachsene mit Schlafstörungen nehmen seit neuestem diese unbedenkliche Chemikalie in Tablettenform ein, und in ihrem Buch über natürlichen Schlaf behandeln Philip Goldberg und Daniel Kaufmann den Nutzen, den diese Chemikalie bringen kann, ausführlich. Sie behandeln nicht die Wirkung von L-Tryptophan auf Kinder, doch wenn man den jüngsten Theorien Glauben schenken darf, läuft alles darauf hinaus, daß sich die einschläfernde Wirkung des Getränks Milch damit erklären läßt. Zufälligerweise fanden auch die Newsons schon heraus, daß 43% der kleinen Kinder eine Flasche oder einen Schnuller mit ins Bett nehmen und darüber hinaus ein Drittel von ihnen noch ein warmes Getränk vor dem Schlafengehen bekamen. Zur Zeit der Untersuchung lief dies den Standardnormen entgegen und viele Eltern hatten diesbezüglich ein schlechtes Gewissen.

Weil viele kleine Babys oft nach dem Gefüttertwerden einschlafen, geben ihnen viele Eltern noch einen Schnuller zum Einschlafen, obwohl das Kind nicht mehr die Flasche nimmt oder gestillt wird. Wenn sie sauber sind und nicht in etwas Süßes getaucht werden – was den Zähnen schaden kann – sind Schnuller unschädlich. Die Eltern machen sich oft Sorgen, daß ihr Kind nicht mehr von dem Schnuller wegkommt, doch wieviele Erwachsene haben Sie heute schon mit einem Schnuller im Mund gesehen? Zigaretten oder auch Pfeifen als Ersatz vielleicht, aber keine Schnuller. Manche Eltern sorgen sich um die Hygiene der Schnuller und kochen sie aus. Dies ist nur logisch, wenn Daumenlutscher ihre Daumen auch kochen lassen, was jedoch ziemlich unpraktisch ist. Beide, Schnuller wie Daumen, müssen mal gewaschen werden, doch jede übertriebene Reinlichkeit ist sinnlos.

Manche Kinder nehmen ihren Daumen, andere einen Schnuller, die meisten Kinder aber gehen mit einem Teddybären, einem Stück Stoff (oft einer Windel) oder irgendeinem anderen schmuddeligen Objekt, an dem sie sich festhalten können, ins Bett. Sie werden oft dann benutzt, wenn die Mutter nachts nicht mehr beim Baby schläft und scheinen eine Art Ersatzmutter zu sein. Die Auswahl solcher Objekte ist oft sehr ungewöhnlich und Eltern können meist nicht erklären, warum sich ihr Kind von einem ganz bestimmten Gegenstand so angezogen fühlt. Christoph verwendete eine alte, schäbige Decke und war völlig außer sich, wenn sie ihm weggenommen wurde, und wenn es nur zum Waschen war (manchmal war sie ekelerregend schmutzig). Wenn so eine Decke mal gewaschen wird, scheint sie für kurze Zeit an Attraktivität zu verlieren, denn sogar der Geruch scheint äußerst wichtig zu sein. Katy hatte nie so etwas. Sie steckte den Daumen der einen Hand in den Mund und hielt mit der anderen Hand ganz fest ihre Haare über dem Ohr. Das war ihr Einschlafritual und wir hüteten uns, daran etwas zu verändern.

Es besteht kein Grund zur Sorge, daß das Kind seine »Schmusedecke« nicht irgendwann aufgeben wird. Es wird. Es dauert vielleicht einige Zeit, aber, da es unschädlich ist, hören Sie auf sich darüber Sorgen zu machen. Nur noch ein letzter Gedanke dazu: in den sogenannten primitiven Gesellschaften, in denen die Kinder ja mit den Eltern schlafen und deswegen wesentlich mehr Körperkontakt vorhanden ist, sind solche Objekte völlig unbekannt.

Schließlich wird das Kind in seinem Bett allein gelassen. Die Eltern verlassen ihre Kinder meistens, indem sie ihnen noch ein paar ritualisierte Worte zuflüstern, wie z. B. ›Gute Nacht. Schlaf gut. Träum' was Schönes. Bis morgen‹, und geben ihnen noch einen Kuß. Mindestens ein Drittel aller Eltern haben dafür ein ganz bestimmtes Ritual, und deswegen erlaubt auch ein einfühlsames Krankenhauspersonal den Eltern, ihre Kinder, wenn sie im Krankenhaus sein müssen, selbst zu Bett zu bringen und ihr eigenes Ritual zu pflegen. Die Sicherheit, die das Kind aus dieser Vertrautheit schöpft, kann sehr lohnenswert sein.

Das neue Baby

Die Schlafprobleme von Babys werden das ganze Buch hindurch behandelt, besonders aber in dem Kapitel »Einfache Schlafprobleme« und »Die Besucherritze«. Ein paar Gedanken dazu will ich jedoch bereits an dieser Stelle äußern.

Babys werden im ersten Lebensmonat gewöhnlich warm und sicher eingewickelt, wenn sie zu Bett gebracht werden, die Stellung, in der sie im Bett liegen, spielt aber noch keine Rolle.

Gelegentlich ärgern sich ganz kleine Babys, wenn sie auf dem Bauch liegen bleiben müssen, weil sie sich noch nicht herumdrehen und sich umsehen können, und diese Frustration kann auch zum Schreien führen. Nach den ersten paar Monaten spielt es aber keine Rolle mehr, wie sie das Kind hinlegen. Es wird sowieso in kürzester Zeit woanders liegen.

Es gibt keinen eindeutigen Beweis dafür, daß Babys ersticken können, wenn sie auf dem Rücken liegen und spucken müssen. Die Gefahren sind wahrscheinlich leicht übertrieben worden, da ein normales Baby immer seinen Kopf zur Seite dreht, wenn die Stellung, in der es liegt, es am Atmen hindert. Das Risiko scheint in jeder Stellung dasselbe zu sein. Es ist aber sinnvoll ein kleines Baby fest einzuwickeln, da es sonst wie wild umherstrampeln würde. Ein sanfter Druck auf den Bauch beruhigt es sehr schnell und das Einwickeln hat den gleichen, beruhigenden Effekt.

In England gibt es eine interessante Erfindung, die anscheinend recht gut hilft. Lullababy Rocker ist eine einfache Schaukelvorrichtung, die aus einer Spiralfeder besteht, die an der Decke oder am oberen Türrahmen befestigt werden kann, und einer Nylonhängematte, in der man die Tragetasche oder das Babykörbchen sicher reinlegen kann. Es schaukelt sanft auf und nieder, konstante 65 mal in der Minute und muß nur gelegentlich durch einen kleinen Stups angeschoben werden.

Es gibt Forscher, die solche Vorrichtungen genauestens untersucht haben. Bei einer Schaukelfrequenz von 30 mal pro Minute schreit das Baby weiter. Wenn die Frequenz schrittweise erhöht wird, hört das Schreien fast immer innerhalb von 15 Sekunden auf, wenn eine Frequenz von 60 bis 70 mal pro Minute erreicht ist. Wenn man mit dem Schaukeln nach ein paar Minuten aufhört, bleiben die Babys gewöhnlich ruhig. Dieser Forschungsversuch ist in der Tat sehr eindrucksvoll und die Vorrichtung scheint auch schon vielen Eltern geholfen zu haben.

Das Schaukeln ist nicht die einzige rhythmische Art und Weise, ein Baby zu beruhigen. Musik und andere Hintergrundsgeräusche können einen stark beruhigenden Effekt haben. So ist beispielsweise ein Fall bekannt, wo eine Mutter in den letzten Schwangerschaftswochen versuchte, sich durch die Musik von Madame Butterfly zu beruhigen. Nach der Geburt war zu beob-

achten, daß sich ihr Kind, wenn es weinte, nur durch eben diese Musik besänftigen ließ. Vielleicht probieren Sie einmal aus, auf welche Musik Ihr Kind besonders reagiert.
Es wurde auch festgestellt, daß sich ein Kind auf der Seite der Brust, wo es die Herztöne von Mutter oder Vater hören kann, schneller beruhigt.
Und noch ein Tip, falls das bisher Gesagte keine ausreichende Wirkung gehabt hat. Ein Engländer, Roger Wannell, nahm das Schreien seines Sohnes Jeffrey auf Tonband auf. Er hatte gehört, daß in Japan solche Experimente gemacht wurden und die Bänder dann dem schreienden Baby zur Beruhigung vorgespielt wurden. Die Aufnahme ging jedoch schief und heraus kamen rhythmisch verwischte Geräusche, die jedoch, wie Roger herausfand, seinen Sohn äußerst schnell beruhigten.
Die Aufnahme wurde daraufhin von einigen Universitätsinstituten untersucht und es stellte sich heraus, daß das Klangspektrum dem der Gebärmuttergeräusche sehr ähnlich war. Die Methode ist vollkommen unschädlich und von den 400 Tonkassetten, die bis heute verkauft wurden, wurden nur zwei wieder zurückgeschickt. Eine Kinderkrankenschwester im Geburtskrankenhaus von Colchester beschrieb die Erfolgsrate mit »in der Gegend von 90%«. Ohne wissenschaftliche Versuchsreihe jedoch können solche Zahlen nicht ganz überzeugen.
Der Nachteil einer solchen Methode ist aber, daß das Abspielen der Geräusche nur dann nützt, wenn sie bereits dem Kind vor der zehnten Lebenswoche regelmäßig vorgespielt wurden. Wenn das geschehen ist, hält die Wirkung meist bis zur neunzehnten Woche an. Unglücklicherweise realisieren aber die meisten Eltern nicht vor der zehnten Woche, daß sie ein Kind mit langzeitigen Schlafproblemen haben. Dies ist der berühmte »Catch 22-Effekt«: zu dem Zeitpunkt, an dem Sie merken, daß sie die Aufnahmen brauchen, ist es auch schon zu spät, es damit zu versuchen.
Vielleicht die ungewöhnlichste Vorrichtung, die das Einschlafen der Babys erleichtern soll, ist als US Patent Nr. 3552388 angemeldet. Es besteht aus einem Gestell, daß dafür konstruiert wurde, dem Baby in periodischen Abständen leichte Schläge auf den Po zu geben. Ich glaube nicht, daß ich dies empfehlen kann!

Ich glaube nicht, daß solche Tricks auch nur annähernd ein fröhliches und entspanntes Zu-Bett-Geh-Ritual ersetzen können. Niemand kann so etwas patentieren!

Unruhige Nächte

Das Aufwachen in der Nacht ist das am meisten verbreitete Problem, mit dem es die Eltern zu tun haben. Die Verzweiflung, die es verursachen kann, ist oft ungeheuer groß. Mary, eine Mutter aus dem Norden Englands, schrieb mir ausführlich über ihre Gefühle und es lohnt sich meines Erachtens, diesen Brief auch ausführlicher zu zitieren. Ihr Kind war vier Jahre alt und ›es hatte sich zu dieser Zeit bereits ein fester nächtlicher Ablauf eingespielt – zwischen 12 und 2 Uhr nachts aufstehen und bis zu zwei Stunden aufbleiben, manchmal sogar länger. Sie einfach später ins Bett zu bringen brachte keinen nennenswerten Erfolg. Ich konnte den Rat meines Arztes, sie schreien zu lassen, nicht befolgen, da mein Mann bereits nach wenigen Minuten der Verzweiflung nahe war. Er hatte einen verantwortungsvollen und sehr anstrengenden Job, der seine ganze physische Kraft beanspruchte. Ich muß zugeben, daß ich mich über die Tatsache, daß es immer nur an mir hängenblieb, zu ihr zu gehen und sie zu beruhigen, damit er schlafen konnte, ziemlich ärgerte. Das schlimme war, daß sie so etwa um ein Uhr anscheinend ein paar Stunden Aktivität brauchte. Ich sang Lieder, las ihr Bücher vor und erzählte ihr Geschichten – Nacht für Nacht. Oft schlief ich ein, worauf ein paar kleine Finger an meinen Augenlidern zupften und sie von mir die nächsten Worte der Geschichte oder des Liedes verlangte, die sie bereits auswendig konnte.‹

Viele Eltern erzählen dieselbe Geschichte – und viele Mütter berichten auch von ihrem starken Groll, weil sie immer nachts aufstehen müssen, während ihre Männer schlafen. Mich hat die eine Redewendung in Marys Brief sehr gestört, als sie sagte, ihr Mann bräuchte den Schlaf, weil er einen »verantwortungsvollen und anstrengenden Job« hatte. Ist das Muttersein vielleicht nicht verantwortungsvoll und anstrengend? Ich glaube fest daran, daß sich Eltern die Verantwortung teilen sollten, doch ich akzeptiere auch, daß damit viele nicht einverstanden sind. Einer Mutter wurde, nachdem sie erzählt hatte, daß ihr Mann sie beim nächtlichen Aufwachen ablöste, von ihrem Hausarzt gesagt: ›Das dürfen Sie ihn nicht tun lassen, meine Liebe, Ihr Mann hat einen Job. Sie haben den ganzen Tag nichts zu tun. *Sie* sollten aufstehen.‹ Das interessante an diesem Vorfall ist, daß ihr Hausarzt eine Frau war!

In den vorangegangenen Abschnitten erörterte ich viele mögliche Ursachen für nächtliches Aufwachen, doch – was auch immer die Ursache sein mag – die Eltern probieren eine Unzahl von Methoden aus, um ein bißchen Ruhe zu bekommen. Ein Vater erzählte mir von den verschiedenen Dingen, die er und seine Frau ausprobierten, und wenn nicht die totale Verzweiflung an dieser Liste von Möglichkeiten abzulesen wäre, würde sie fast lustig klingen. Er versuchte es damit, ›das Licht anzulassen, es auszuschalten, mit Getränken, Keksen, Spielzeug in ihrem Zimmer, keine Spielzeuge in ihrem Zimmer, einem Kopfkissen, mehr Bettdecken, weniger Bettdecken, mit weniger Lärm auf dem Flur, mit mehr Lärm auf dem Flur, mit einer tickenden Uhr im Schlafzimmer, mit sanfter Musik aus der Stereoanlage und‹, so fügte er mit Zittern in der Stimme hinzu, ›indem ich sie anschrie‹.

Schließlich beschloß er, nachdem er mit anderen Leidensgenossen gesprochen hatte, daß all diese Sachen reine Zeitverschwendung seien. Es wäre schlicht eine Frage des Überlebens, bis sie endlich durchschlafen würde, was sie dann, allerdings erst nach einiger Zeit, auch tat.

Eine andere Mutter beschrieb ihre Erfahrungen folgendermaßen: ›Sein Schreien, wenn er aufwachte, war fürchterlich. Dies wurde von erfahrenen Müttern bestätigt, die vorher dachten, ich hätte das Problem übertrieben und würde einfach zu weich und ängstlich reagieren. Was sollten wir also machen? Wir versuchten es mit jedem Rezept, das wir von Freunden, anderen Eltern, Büchern, mit Arzt und von drei Gesundheitsberatern gehört hatten. Ich glaube nicht, daß wir irgendeinen Trick ausgelassen haben. Die Sache aber war, daß nichts funktionierte, doch wir hielten uns damit auf Trab, daß wir immer etwas neues ausprobierten, mit dem verzweifelten Optimismus, daß es der nächste Versuch bestimmt »bringen würde«.‹

Die elterlichen Aktivitäten können mitunter das Problem verschlimmern. Diejenigen, die im Umgang mit ihrem schlecht schlafenden Kind völlig inkonsequent handeln, haben fast immer Schwierigkeiten. Die eine Nacht das Kind zum Beispiel mit ins eigene Bett zu nehmen und in der nächsten Nacht von ihm zu erwarten, sich selbst wieder in den Schlaf zu schreien, muß das Kind notwendigerweise verwirren. Auch der gesunde Menschenverstand rät dazu, es immer nur mit einer Methode zur selben Zeit zu versuchen. Trotzdem – die Forschungsergebnisse die ich an anderer Stelle bereits zitiert habe, zeigen, daß die meisten Methoden, die Eltern zur Bekämpfung der Schlafprobleme anwendeten, nur eine Reaktion auf die Probleme darstellten, und nicht umgekehrt die Schlafprobleme durch elterliche Maßnahmen hervorgerufen wurden.

Vielleicht entschließen Sie sich dazu, bei Ihrem Kind sitzen zu bleiben und seine Hand zu halten, bis es wieder einschläft. Wenn dem so ist, probieren Sie es nicht nur eine Nacht lang aus und entschließen sich die nächste Nacht, weil Sie zu müde sind, ins Zimmer zu gehen und es anzuschreien. Das gleiche gilt – wenn Sie glauben, daß es die beste Lösung sei, das Kind mit ins eigene Bett zu nehmen. Bleiben Sie regelmäßig dabei, und nicht nur in den Nächten, in denen Sie es nicht ertragen können, mit Ihrem Kind aufzubleiben.

Versuchen Sie sich in die Lage Ihres Kindes zu versetzen. Wären Sie nicht – einmal wachgeworden – schrecklich verwirrt, wenn jede Nacht etwas anderers mit Ihnen geschähe? Wenn es Nächte gäbe, in denen Sie um halb elf aufwachten und Ihre Eltern wären immer noch auf und sie würden gerne mit Ihnen spielen, Ihnen eine Geschichte vorlesen und mit Ihnen schmusen? Würden Sie dann als Kind verstehen, daß Ihre Eltern völlig anders reagierten, wenn Sie die nächste Nacht um drei Uhr aufwachten – nämlich statt gerne mit Ihnen zusammen zu sein, ärgerlich und zornig? Würde Sie das nicht auch noch verwirrter und ängstlicher machen?

Wie es ein Briefschreiber ausdrückte – es kann hilfreich sein, verschiedene Techniken auszuprobieren, bis Sie eine Möglichkeit gefunden haben, mit dem Problem fertigzuwerden. Trotzdem sollten Sie mindestens eine Woche lang bei einer Methode bleiben – nicht nur eine Nacht – bevor Sie etwas Neues ausprobieren. Es ist wichtig, eine Regel der Schlafproblematik im Auge zu behalten – eines Tages wird das Problem verschwinden. Eines Tages werden entweder Ihre Kinder schlafen oder sie werden es gelernt haben, sich in ihren Wachphasen mit sich selbst zu beschäftigen, ohne Sie zu stören. Das Problem ist nur, daß ich Ihnen nicht sagen kann, an welchem Tag dies der Fall sein wird. Es ist immer möglich, daß es schon morgen sein wird und ich glaube, daß der ›verzweifelte Optimismus‹ den ich vorhin zitierte, äußerst wichtig ist. Damit Sie nicht aufgeben, müssen Sie entweder Optimist bleiben, oder lernen, das Problem zu akzeptieren, ohne die Ruhe zu verlieren und ohne zornig zu werden.

Extremer Zorn ist eine der üblichsten Gefühlslagen, wenn Eltern nachts aufgeweckt werden. Wie mir eine Mutter erzählte: ›Ich liege da, ganz starr, weigere mich zu ihm zu gehen und bete zu Gott, daß er wieder einschläft. Dadurch verstärke ich natürlich seine Angst und trage zu seiner Unsicherheit bei.‹ Sie fuhr fort, indem sie ihre Gefühle ausführlich analysierte: ›Wenn ich mich immer weigere, auf sein Schreien zu reagieren, so kann er das nur als Ablehnung interpretieren, das Mißtrauen ist gesät. Während der Nacht, wenn es dunkel und still ist, muß das sehr erschrekkend sein. Die Angst verhindert die Entspannung und die Schlaflosigkeit bleibt bestehen.‹

Ihre Schlußfolgerung – die auch von vielen Ratgebern geteilt wird – ist: wenn nur die Mutter entspannt sein kann, spürt das Kind dies und wird auch besser schlafen. Machen Sie sich aber bewußt, daß – obwohl dies bestimmt richtig ist – nicht automatisch auch das Gegenteil zutrifft. Wenn ein Kind nicht einschläft, bedeutet das nicht unbedingt, daß es die Anspannung der Mutter spürt.

Babys reagieren besonders feinfühlig auf den seelischen Zustand ihrer Eltern. Wenn Sie ihr Baby umarmen, wenn es schreit, und Sie ärgerlich sind, sind auch Ihre Armmuskeln angespannt und verkrampft. Es besteht kein Zweifel, daß Babys dies spüren. Oft beruhigen sie sich, wenn sie jemand anderem gereicht werden, für den das Schreien nicht so bedrohlich ist. Ich habe schon öfters Eltern gesehen, die im Krankenhaus ihr schreiendes Baby liebkosten und völlig verdutzt waren, als es sich, nachdem es die Kinderschwester genommen hatte, sofort beruhigte. Solche Eltern mögen zwar leugnen, daß sie angespannt sind. Die Armmuskeln aber verraten beim Halten des Kindes eine enorme Anspannung. Versuchen Sie, Ihre Muskeln zu entspannen. Machen Sie sie ganz bewußt locker. Es ist leichter, das Baby mit entspannten Armen zu halten, als mit verkrampften. Versuchen Sie es. Sie und Ihr Kind werden den Unterschied spüren.

Es leuchtet sicher ein, daß Ihr Kind schwer wieder zum Schlaf zurückfindet, wenn Sie in sein Zimmer reinplatzen, das Licht voll andrehen und es mit überschlagener Stimme beschuldigen, ob es Ihnen wohl das Leben noch ganz zur Hölle machen wolle. Dieser Rat klingt vielleicht ganz selbstverständlich, doch jeder von uns hat schon auf diese Weise reagiert.

Während ich beschrieben habe, was die Eltern tun, wenn ihr Kind nachts aufwacht, haben John und Elizabeth Newson auch untersucht, was das Kind tut. Von den Vierjährigen, die sie beobachtet haben, lagen 6% im Bett und redeten oder sangen, bis sie wieder einschliefen, 37% riefen nach dem Vater oder der Mutter, 34% weinten, 10% krabbelten aus dem Bett, um ihre Eltern zu finden, 5% wachten offensichtlich nie auf, und die restlichen 8% versuchten es mit anderen Tricks, indem sie z. B. ihre Köpfe gegen das Kissen schlugen. Mit anderen Worten – etwa acht von zehn Kindern legten ein Verhalten an den Tag, das die Eltern schließlich zum Aufstehen zwang.

Die Newsons fragten auch die Eltern, wie sie mit diesen Wachphasen umgehen würden. Fast alle gaben an, sie würden aufstehen und ihr Kind beruhigen, und während 34% sagten, daß sie ihr Kind nie ins eigene Bett mitnehmen würden, stellten die anderen fest, daß dadurch das Kind am ehesten beruhigt werde. Da dies ein so wichtiger und kontroverser Bereich zu sein scheint, habe ich ihm einen eigenen Abschnitt gewidmet (siehe »Die Besucherritze«).

Frühes Aufwachen

So frustrierend es auch sein mag, zu ungewöhnlich früher Stunde, wie z. B. um 5 Uhr früh, von Ihrem Kind aus den Träumen gerissen zu werden, so ist es doch relativ einfach, damit umzugehen, wenn dies ein für sich genommenes Problem bleibt. Leider ist dies jedoch selten der Fall. Das früh aufwachende Kind ist vielleicht schon mehrmals in der Nacht aufgewacht oder hat Ihnen schon zur Zu-Bett-Geh-Zeit Probleme bereitet. Wenn dies der Fall ist, sind die Probleme und ihre möglichen Lösungen an anderer Stelle in diesem Buch behandelt.

Wenn das frühe Aufwachen aber ein für sich genommenes Problem darstellt, so ist die bei weitem einfachste Lösung, Ihren Lebensstil und Ihre eigene Schlafgewohnheiten denen Ihres Kindes anzupassen. Es ist viel leichter um 9 Uhr ins Bett zu gehen und um 5 Uhr aufzustehen, als um Mitternacht zu Bett zu gehen und Ihr Kind von 5 Uhr bis 7 Uhr morgens dazu zu überreden, doch weiterzuschlafen. Glauben Sie mir, ich habe beides ausprobiert. Außerdem hat diese Lösung auch einen Vorteil: der frühe Morgen kann die angenehmste Zeit des Tages sein, besonders bei einem klaren Sonnenaufgang, der längst vorüber ist, wenn die meisten Leute frühstücken.

Wenn Sie aber nicht ganz so positiv über das frühe Aufwachen denken, und vor allem wenn Ihr übriges Leben und ihre Arbeitszeit Ihre Schlafgewohnheiten bestimmen, lohnt es sich, herauszufinden, ob irgend etwas Ihr Kind aufweckt. Es könnte zum Beispiel ein Zug sein, der jeden Morgen um dieselbe Zeit in der Nähe vorbeiführt; Vögel könnten in der Nähe des Schlafzimmerfensters Ihres Kindes ihren Nistplatz haben und durch ihre Gezwitscher in der Dämmerung Ihr Kind aufwecken; oder es verstärkt sich um diese Uhrzeit der Verkehrslärm in Ihrer Wohnstraße. Gelegentlich kann auch die zeitgesteuerte Zentralheizung durch ihr Anspringen das Aufwecken verursachen, wenn Ihr Kind nur noch ganz flach schläft. Es kann sogar die Helligkeit im Zimmer sein. Manche Kinder scheinen länger zu schlafen, wenn es dunkel ist, und können vielleicht bei dünnen Vorhängen, die zwar in der Nacht das Zimmer dunkel halten, jedoch das helle Tageslicht durchlassen, nicht mehr richtig schlafen. Dickere oder dunklere Vorhänge könnten hier die Antwort sein.

Wenn Ihr Kind alt genug ist, sorgen Sie dafür, daß Ihr Kind sich beschäftigen kann, wenn es aufwacht, damit es Sie nicht aufzuwecken braucht. Das fängt zum Beispiel an mit einem Schalter für das Licht, am besten einer Schnur zum Ziehen, an die das Kind vom Bett aus gelangen kann. Außerdem sollten Bücher, Spielzeug und etwas zu trinken vorhanden sein. Machen Sie ihm klar, daß es in seinem Zimmer bleiben muß und halten Sie dann den Daumen. Je älter das Kind ist, desto wahrscheinlicher ist der Erfolg dieser Methode. Wenn sie funktioniert, können Sie sich beglückwünschen, doch sie kann auch einen Haken haben. Als wir sie mit Christopher ausprobierten, kam er immer noch um halb sechs in unser Zimmer und bat um Hilfe beim Bau seines Raumschiffs, was er zunächst – immerhin eine halbe Stunde lang – allein versucht hatte. Die Zeitvorstellung von Erwachsenen war ihm einfach noch völlig fremd.
Vielleicht haben Sie bemerkt, daß ich nicht versucht habe, frühes Aufwachen zu definieren. Dies kommt daher, weil die Beschreibung »früh« sehr relativ ist. Wenn Sie eine Landwirtschaft haben, und immer um fünf Uhr früh aufstehen müssen, und Ihr Kind schläft bis halb sechs Uhr, ist dies auf Ihre Lebensumstände bezogen bestimmt nicht »früh«. Wenn Sie normalerweise nicht vor acht Uhr aufstehen, dann ist halb sechs Uhr keine akzeptable Zeit. Ich würde auch bestimmt nicht sagen, daß ein Kind, das eine halbe Stunde vor seinen Eltern aufwacht, ein Schlafproblem hat. Doch ob Sie es glauben oder nicht – ich habe bereits Eltern getroffen, die mich für diese zusätzliche halbe Stunde um eine Medizin gebeten haben.

Unruhiger Schlaf

Selbst wenn Kinder rasch einschlafen, können während der Nacht alle möglichen neuen Probleme auftauchen. Das Ideal für jeden steht fest: glücklich einschlafen, durch die Stunden der Dunkelheit selig schlummern und am nächsten Morgen zufrieden und erfrischt aufwachen.
Wunderschön wenn es so ist, doch dieses Bild häuslicher Glück-

seligkeit kann von einer Reihe relativ geringfügiger, doch nichtsdestoweniger störender Probleme unterbrochen werden. Jedes Kind träumt, aber viele haben Alpträume, die sie aufwecken und in Schrecken versetzen. Andere Kinder reden im Schlaf, schlafwandeln, knirschen mit den Zähnen, schlagen mit ihren Köpfen auf das Kissen oder machen ins Bett. Eine der häufigsten Störungen bei kleinen Kindern ist das nächtliche Aufschrecken, bei dem die Kinder schreien, jedoch nicht ganz wach werden. Es kann lange Zeit dauern, bis sich die Kinder wieder beruhigt haben, und dennoch wissen sie am nächsten Morgen nicht mehr, was geschehen ist.

Es ist immer schwierig, genau einzuschätzen, wie normal solche Störungen sind. Man weiß aber eine ganze Menge über das verhältnismäßige Vorkommen der Schlafstörungen. Eine Studie macht deutlich, daß bei allen Altersgruppen Schlafwandeln nur halb so oft vorkam wie das nächtliche Aufschrecken, das wiederum nur ein Viertel so oft auftrat wie Alpträume. Als der Forscher dieser Studie die Typen der Schlafstörungen bei Kindern von verschiedenem Alter analysierte, fand er bemerkenswerte Unterschiede heraus. Zum Beispiel stellte er bei der Analyse einer Gruppe von Kindern mit Schlafstörungen fest, daß die nächtlichen schreckhaften Anfälle bei 63% der vier- bis siebenjährigen, bei 24% der acht- bis zehnjährigen und bei 13% der elf- bis vierzehnjährigen Kindern vorkamen.

Die Ergebnisse bei den Alpträumen waren ganz verschieden. Während sie zum Beispiel bei nur 19% der vier- bis siebenjährigen eine Rolle spielten, schoß diese Zahl bei den acht- bis zehnjährigen auf 69% hinauf und fiel dann wieder bei den elf- bis vierzehnjährigen auf 12%. Mit anderen Worten – es gab einen dramatischen Anstieg von Alptraumerlebnissen bei den acht- bis zehnjährigen Kindern.

Nur 5% der vier- bis siebenjährigen Kinder mit Schlafstörungen wandelten im Schlaf, bei den acht- bis zehnjährigen waren es schon 30% und bei den zehn- bis vierzehnjährigen wurde es mit 65% zum häufigsten Problem.

Daraus läßt sich ersehen, daß jedes Problem einer vollständig anderen Altersgruppe zugeordnet werden muß und darüber hinaus wurden auch bei den verschiedenen Geschlechtern Unterschiede festgestellt. Bei der Altersgruppe der vier- bis siebenjährigen hatten Buben doppelt soviel Anteil an den Schlafproblemen, doch bei den zehn- bis vierzehnjährigen waren es schon zwanzigmal mehr Buben als Mädchen. Was für ein Unterschied!

Jahrelang dachten Ärzte und auch die Eltern, daß die meisten dieser Schlafprobleme mit den Träumen der Kinder zu tun hätten. Es schien wahrscheinlich, daß das Kind, das nachts mit Schreckensschreien aufwachte, geträumt hatte, oder daß Kinder, die im Schlaf sprachen oder umherwandelten, dies aus ihrem Traum heraus taten. Selbst das Bettnässen wurde – und wird oft heute noch – mit dem Träumen in Verbindung gebracht.

Solche Vorstellungen wurden durch den Einsatz des Elektro-Enzephalogramms radikal geändert. Die EEG-Aufzeichnungen zeigten deutlich, daß Träume und Alpträume in Verbindung mit dem Rapid Eye Movement-Schlaf standen, doch nicht mit den anderen Phänomenen. Bettnässen, Schlafwandeln, Reden im Schlaf und das nächtliche Aufschrecken standen alle in Zusammenhang mit den Eintritt in die Phase 4 des Nicht-REM-Schlafes. Deswegen wurden diese Phänomene auch »Arousaleffekt« genannt.

Diese verschiedenen Störungen treten oft bei derselben Person zu unterschiedlichen Zeiten auf und es gibt auch häufig eine Familiengeschichte dazu. Über die Tatsache hinaus, daß sie alle in derselben Schlafphase auftreten, haben sie noch andere Merkmale gemeinsam. Sie kommen alle in Paroxysmen, d. h. anfallsartig vor, z. B. jede dritte Woche, und zeichnen sich dadurch aus, daß das Kind nicht auf seine Umgebung reagiert und beim Aufwachen nichts mehr davon weiß.

Es gibt noch andere Beweise, daß diese Störungen nichts mit den Träumen zu tun haben. Alle diese Phänomene treten meist in den ersten drei Stunden des Schlafes auf, während der REM-Schlaf hauptsächlich im letzten Schlafdrittel vorkommt. Auch die EEG-Untersuchungen haben gezeigt, daß die oben genannten Störungen nur zu 10% im REM-Schlaf auftreten. Darüber hinaus ist bekannt, daß man sich meistens an den Traum erinnert, wenn man aus einer REM-Schlafphase aufwacht, während

das Kind, das durch Bettnässen oder Schlafwandeln aufwacht, sich an nichts erinnern kann.
Trotz ihrer Gemeinsamkeiten, lohnt es sich doch, die verschiedenen nächtlichen Störungen gesondert zu behandeln. Dem speziellen Problem des Bettnässens, das Zigtausenden von Eltern und Kindern Kummer macht, ist ein eigener Abschnitt gewidmet.

Träume und Alpträume

Träume übten für den Menschen schon immer eine Faszination aus. Sie erscheinen so wirklich und sind doch nicht zu fassen. Niemand weiß sicher, woher sie kommen oder warum es sie gibt, obwohl schon viele Interpretationen geliefert wurden. Tatsächlich reichen die Versuche der Traumdeutung bis zur Zeit des alten Testaments zurück.
Die Einstellung den Träumen gegenüber ändert sich über die Jahrhunderte enorm. Im alten Ägypten verstand man sie als eine Art von Kommunikation mit dem Übernatürlichen und es gab spezielle dafür vorgesehene Räume, in denen man das Auftreten der Träume für wahrscheinlicher hielt. Im Mittelalter standen sie meist für die Warnung vor einem zukünftigen schlimmen Ereignis und diese mystische, eher von außen bestimmte Betrachtungsweise, hielt sich bis zum späten 17. Jahrhundert. Von dieser Zeit an realisierte man mehr und mehr, daß das Träumen nur eine Funktion des Gehirns darstellt, wie es Daniel Defoe ausdrückte, der schrieb: ›Träumen ist nichts anderes als im Schlaf zu denken.‹
Von diesem Einstellungswandel aus war es nur noch ein kleiner Schritt zur Traumanalyse als Mittel, den Träumer besser zu verstehen. Sigmund Freud schrieb und forschte über diesen Aspekt ausführlich und im Jahr 1899 erschien sein Buch mit dem Titel »Die Traumdeutung«. Seit dieser Zeit kennt jeder seinen Namen.
Die Psychiater und Psychoanalytiker, die auf Freud folgten, stellten alle ihre eigenen Ideen und Theorien auf. Meiner Meinung nach sagen die Interpretationen, wie sie von Freud, Jung, Adler, Hall, Gutheil und vielen anderen vorgeschlagen wurden, weit mehr über sie selbst und ihre eigenen Phantasien aus, als

über das Seelenleben der Träumer. Auf einer weniger ernsthaften Ebene sind viele Bücher erschienen, die tabellenartig alle möglichen Bedeutungen von Symbolen und Ereignissen der Träume auflisten. Wenn Sie darauf hoffen, daß eines dieser Bücher Ihnen dabei hilft, die Alpträume Ihres Kindes besser zu verstehen, muß ich Sie leider enttäuschen. Solche Verallgemeinerungen machen auf der Ebene eines Partyspiels zwar Spaß, sind aber als wissenschaftliches oder medizinisches Werkzeug unbrauchbar. Traumsymbole lassen sich nicht einfach wie eine fremde Sprache übersetzen.

Das EEG hat unsere Einstellung gegenüber Träumen und unser Wissen darüber fundamental verändert. Freud dachte noch, eine der Funktionen des Traums sei die, den Schlaf zu erhalten (der Traum als Hüter des Schlafs), doch heute ist man eher der Auffassung, daß man schläft, um träumen zu können. Wie ich zu Beginn bereits erwähnte, kann es für einen, der der REM-Schlafphase beraubt wird, verheerende Folgen haben.

Die Mehrzahl der Träume ist entweder angenehm oder schlicht langweilig, doch sie können für kleine Kinder zum Problem werden, wenn sie zum Fürchten sind. Im Jahr 1920 unternahm Dr. Kimmins ein faszinierendes Forschungsprojekt, indem er die Träume von Tausenden von Kindern sammelte. Er fand heraus, daß ein Viertel aller Träume, die ihm berichtet wurden, furchteinflößend waren und daß bei der Mehrzahl der Träume das Bild, das den Kindern Angst macht, ein alter Mann war. Er fand außerdem heraus, daß Kinder, bis zum Alter von sechs oder sieben Jahren, immer noch Traum- und Wachzustand durcheinanderbrachten. Zum Beispiel träumten sie, daß sie ein Spielzeug bekamen und suchten dann, nachdem sie aufgewacht waren, ihr ganzes Zimmer danach ab.

Es ist schwierig, herauszufinden, warum Kinder böse Träume haben. Hugh Jolly gibt als Grund an, daß diese Kinder im allgemeinen intelligenter sind und gibt den Rat, ungewöhnliche Aufregungen vor dem Schlafengehen zu vermeiden. Andere Kinderärzte behaupteten, daß Erkältungen und Verstopfungen der Nase zu Alpträumen führten, vor allem die, die von Erstikkungen und Ertrinken handelten.

Es besteht kein Zweifel darüber, daß Alpträume dann häufiger auftreten, wenn das Kind ängstlich ist oder sich Sorgen macht. Wenn sie sehr häufig vorkommen, z.B. jede Nacht, ist es wahrscheinlich, daß eine Unsicherheit oder Kummer in der Schule oder zu Hause dahintersteckten. Es nützt selten etwas, das Kind nach seinen Sorgen auszufragen. Es ist viel sinnvoller, das Kind im Auge zu behalten und seine Spiele und Zeichnungen zu beobachten, da sich die Ursachen der Sorgen sehr oft von selbst offenbaren. Sie können selbstverständlich über das Problem sprechen, wenn Sie es einmal herausgefunden haben, und dies allein trägt oft schon dazu bei, daß die Alpträume verschwinden. Wenn die Alpträume aber nach wie vor auftreten, ist es natürlich ratsam, Ihren Arzt zu konsultieren.

Martin Herbert, der Psychologe der Pädiatrischen Abteilung des Leicester Royal Krankenhauses, hat festgestellt, daß Alpträume besonders bei Kindern zu beobachten sind, die eine Zeitlang von ihrer Mutter getrennt waren, vor allem, wenn dies vier Wochen oder länger andauerte. Die Alpträume treten mit größter Wahrscheinlichkeit dann auf, wenn das Kind im Krankenhaus ist. Dagegen ist die Anfälligkeit für Alpträume weit geringer, wenn das Kind zwar von seiner Mutter getrennt ist, aber immer noch daheim schläft.

Ein Faktor, der sehr oft als Ursache für Alpträume genannt wird, ist das Fernsehen. Es wird behauptet, daß eine gruselige Sendung zur Schlafenszeit leicht zu einer gestörten Nacht führt. 1964 wurde mit zwei Gruppen von Kindern, die sich dazu bereit erklärt hatten, eine Untersuchung durchgeführt. Beiden Gruppen wurde eine Fernsehsendung gezeigt. Die eine Gruppe sah einen blutrünstigen Western, die andere eine romantische Komödie, doch zur Enttäuschung der Wissenschaftler träumte keines der Kinder aus beiden Gruppen von der Sendung, die sie gesehen hatten. Die Gruppe, die den Western gesehen hatte, hatte jedoch lebendigere, wenn auch nicht furchterregendere Träume. Es scheint eine Sache des gesunden Menschenverstands zu sein, Kinder, kurz vor dem Schlafengehen, nicht unbedingt besonders aufregende oder gruselige Sendungen sehen zu lassen. Nicht so sehr, damit sie Alpträume haben, sondern weil sie wahrscheinlich schlechter einschlafen können.

Viele Leute glauben, daß der Einfluß des Fernsehens auf ihre

Kinder schädlich sei. Eine Mutter schrieb mir über ihre siebenjährige Tochter, die fast jede Nacht von Geistern träumte. Es lohnt sich, ihren Brief wörtlich zu zitieren: ›Ich fragte meinen Arzt. Der riet mir, ihr entsprechende Fernsehsendungen und Bücher zu verbieten. Schön und gut, aber man kann den Kindern das Sprechen nicht verbieten, und sie sprach halt mit ihren Freunden über Geister und las in der Schule Bücher darüber. Der Arzt riet mir ebenso, das Licht anzulassen und die Türe immer offenzulassen (was wir schon immer getan hatten).‹ Der arme Arzt hatte einfach keinen Erfolg, und sie suchte schließlich einen Hypnotherapeuten auf, der mit seiner Therapie – wahrscheinlich einer verbesserten Technik der Entspannung beim Einschlafen – Erfolg hatte.

Zum Schluß dieser kurzen Betrachtung von Träumen und Alpträumen läßt sich noch anmerken, daß Kinder, die sich ein Schlafzimmer teilen, weit weniger unangenehme Träume haben. Viele Eltern, die beides schon ausprobiert haben – separate und gemeinsame Schlafzimmer – stellten fest, daß das Zusammenschlafen-lassen fast augenblicklich zu einer Reduzierung schlechter Träume geführt hat.

Die Ursachen mal beiseite gelassen – was sollten Sie tun, wenn Ihr Kind Alpträume hat?

Als erstes sollten Sie es sofort nehmen, es umarmen und liebkosen. Versuchen Sie es von dem Alptraum abzulenken. Es hat keinen Sinn zu diesem Zeitpunkt über den Inhalt des Traums zu sprechen. Warten Sie damit bis zum nächsten Morgen. Versuchen Sie stattdessen ein ruhigeres und angenehmeres Thema anzuschneiden. Trost und die Versicherung durch die Eltern sind ein wunderbares Heilmittel.

Nächtliches Aufschrecken

Viele Eltern verwechseln nächtliches Aufschrecken mit Alpträumen, doch beide Phänomene sind von sehr unterschiedlicher Art. Ein Kind, das solch einen nächtlichen Anfall bekommt, schreit, sitzt aufrecht im Bett mit weit geöffneten Augen und geweiteten Pupillen und ist sehr erregt. Es erkennt seine Eltern während des Anfalls nicht und ist völlig verwirrt. Tröstender Zuspruch scheint kaum zu helfen. Das Kind schlägt manchmal wie wild um sich, hat einen schnellen Puls, atmet rasch und schwitzt übermäßig. Diese Anfälle dauern im Durchschnitt zwei Minuten, sie können aber auch bis zu zwanzig Minuten dauern. Das einzige, was Eltern tun können, ist das Kind in den Arm nehmen, bis es sich wieder beruhigt hat und weiterschläft. Zum Glück wird sich das Kind an diese Episode nicht erinnern.

Über den Zusammenhang von nächtlichem Aufschrecken und Schlafwandeln besteht kein Zweifel. Sie treten beide in derselben Schlafphase auf und sind beide vererbbar. Eine Zwillingsstudie zeigte: wenn ein Zwilling an einem der Phänomene litt, hatte der andere sechsmal so wahrscheinlich dasselbe Problem. Dies gilt allerdings nur für eineiige Zwillinge, was die Vermutung zuläßt, daß eher eine genetische als eine umweltbedingte Ursache zugrunde liegt. In gleicher Weise wurde festgestellt, daß 80% der Schlafwandler und 96% derjenigen, die nachts aufschrecken, einen Verwandten in erster, zweiter oder dritter Linie besaßen, der dieselben Symptome hatte.

Streß kann die Wahrscheinlichkeit der Anfälle erhöhen, doch er ist selten die Ursache. Die Zustände sind harmlos, obgleich sie, wenn sie auftreten, sehr nervenaufreibend sein können, und hinterlassen keinen lang- oder kurzzeitigen Schaden, außer daß die Nächte gestört werden.

Schlafwandeln

Nach Schätzungen sind 15% aller Kinder bereits einmal in ihrem Leben schlafgewandelt, obwohl dies selten vor dem fünften Lebensjahr geschieht. Die Mehrzahl der Schlafwandler ist zwischen zehn und vierzehn Jahren alt, läßt dann aber nach, obwohl rund 2% der Erwachsenen immer noch schlafwandeln.

Es ist ein merkwürdiger Zustand. Die Augen des Schlafwandlers sind offen, aber er kann nicht richtig sehen. Er kann den Weg ums Haus herum finden, aber ihm fehlt jegliche kritische Reflexion darüber, was er eigentlich tut. Es ist auch durchaus möglich, daß er die Treppe hinunterfällt oder aus dem Fenster stürzt. Der Umherwandelnde befindet sich im Schlafzustand, aber er träumt nicht. Das EEG zeigt, daß Schlafwandeln hauptsächlich in der

Übergangsphase von Phase 3 und 4 des Nicht-REM-Schlafs in eine leichtere Schlafphase auftritt. Ein Wissenschaftler fand heraus, daß bei sieben von 38 Schlafwandlern das Phänomen herbeigeführt werden konnte, indem man sie in Phase 3 oder 4 der Nicht-REM-Phase auf die Beine stellte. Bei einer Kontrollgruppe von nichtschlafwandelnden Personen konnte niemand zu irgendeiner Phase zum Gehen gebracht werden.
Das Schlaf-EEG von Schlafwandlern zeigt das plötzliche Auftreten von langsamen Wellen vor ihrer Wandelphase. Diese Kurve kennt man bei 85% der normalen Babys im Alter von sechs bis elf Monaten, sie tritt aber nur bei 3% der sieben- bis neunjährigen auf. Dies kann bei den Schlafwandlern eine milde Form von mangelnder Reife des zentralen Nervensystems bedeuten, was das Verschwinden des Phänomens bei Erwachsenen bestätigt.
Eine typische Schlafwandel-Episode beginnt damit, daß das Kind sich plötzlich im Bett aufrichtet, seine Augen aufreißt, aber nichts sieht. Es steht auf, macht vielleicht Schubladen oder Türen auf, als ob es irgend etwas Bestimmtes suchen würde, und bewegt sich etwas unbeholfen vorwärts. Es ist gewöhnlich sinnlos, mit dem Schlafwandler ein Gespräch anfangen zu wollen, weil Fragen meist nur mit einem Gebrummel oder auch gar nicht beantwortet werden. Die Episode endet damit, daß das Kind meist wieder ins Bett zurückfindet und weiterschläft. Beim Auftreten von echtem sog. Somnambulismus besteht am nächsten Morgen keine Erinnerung mehr an den Vorfall.
Ich habe bereits auf den genetischen Aspekt des Schlafwandelns hingewiesen, als ich das Problem des nächtlichen Aufschreckens behandelte, und ich möchte noch einmal betonen, daß Schlafwandeln für sich genommen kein emotionales Problem widerspiegelt. Wie ein wichtiger Artikel im *British Medical Journal* hervorhob, ist ja das bekannteste literarische Vorbild für Schlafwandeln sicherlich Lady Macbeth, deren nächtliches besessenes Händewaschen in engem Zusammenhang mit dem Streß stand, den sie sich durch ihre ehrgeizige Persönlichkeit selbst aufgeladen hat. Solche literarischen Vorbilder trugen dazu bei, daß viele Leute Somnambulismus mit Streß in Verbindung bringen, und tatsächlich haben 81% der erwachsenen Schlafwandler das Gefühl, daß sie unter Druck eher zum Schlafwandeln neigen. Bei

Kindern scheint dies seltener der Fall zu sein, obwohl diejenigen, die die genetischen Anlagen zum Schlafwandeln haben, dazu eher vor Prüfungen oder anderen Streßzeiten neigen.
Was läßt sich dagegen tun? Es hilft sicherlich, wenn man ein entspanntes und fröhliches Zu-Bett-Geh-Ritual entwickelt, besonders in den Fällen, in denen Streß einen Hauptfaktor darstellt. Es haben sich um das Schlafwandeln viele Mythen gebildet, wovon einer besagt, daß sich Schlafwandler niemals verletzen. Traurigerweise ist dies nicht wahr. Immerhin 24% der erwachsenen Schlafwandler berichten davon, sich schon verletzt zu haben, und auch bei Kindern wurde dies festgestellt. Es ist deshalb sinnvoll, die wichtigsten Vorsichtsmaßnahmen zu treffen, wie das Verschließen der Schlafzimmerfenster und das Versperren der Treppenabgänge.
Unzählige Therapiemaßnahmen gegen hartnäckige Fälle von Schlafwandel wurden bereits ausprobiert, und es ist sicher ratsam, den Arzt bei häufigerem Auftreten zu konsultieren, obgleich man sich über gelegentliches Schlafwandeln keine Sorgen machen sollte. Mögliche Therapiemaßnahmen sind die Verschreibung von Medikamenten, Veränderungen der Schlafanordnung im Haus und Psychotherapie.
Zwei eher unkonventionelle Methoden zur Bekämpfung des Schlafwandelns seien hier zum Schluß noch erwähnt. Die erste hatte zum Glück keinen Erfolg. Die Eltern hatten das schlafwandelnde Kind am Bett festgebunden in einem verzweifelten Versuch, seine Angewohnheit zu unterbinden. In der ersten Nacht, als es fest schlief, löste es die Knoten und spazierte umher wie gehabt. Die zweite Methode ist da schon empfehlenswerter. Nachdem alle Methoden fehlgeschlagen hatten, strickte die Großmutter ihrer Enkelin heimlich eine »Zauberdecke«, die von Feen gebracht wurde, um sie des Nachts am Herumgehen zu hindern. Sie schlief mit ihrem Kopf auf dieser Decke und schlafwandelte nie wieder.

Sprechen im Schlaf

Der medizinische Fachausdruck für das Schlafwandeln – Somnambulismus – paßt in gewisser Weise lautmalerisch zu diesem Phänomen, während der Ausdruck für das Sprechen im Schlaf wohl nie allgemeiner Sprachgebrauch wird. Somniloquie ist bei Kindern selten ein größeres Problem, es sei denn, sie reden so laut, daß sie das ganze Haus aufwecken. Für Erwachsene ist da die Gefahr schon wesentlich größer, es hängt vor allem davon ab, über wen sie sprechen und mit wem sie gerade schlafen!

Das Sprechen im Schlaf tritt oft in Verbindung mit Episoden von Somnambulismus auf, doch wenn es allein vorkommt, ist es auch hier meistens in der Nicht-REM-Phase, und daher nicht während des Traums. Der Inhalt ist fast immer unverständlich und es hat keinen Sinn, mit dem sprechenden Kind ein Gespräch anzufangen. Das Sprechen im Schlaf bedeutet keineswegs, daß Ihr Kind ein psychiatrisches Problem hat. Es besteht keine Veranlassung das Sprechen im Schlaf therapeutisch zu behandeln, wenn es als isoliertes Phänomen auftritt, und ein Kind weckt sich auch nicht selbst auf, wenn es im Schlaf redet.

Zähneknirschen und exzessive Bewegungen

Zähneknirschen kann sowohl im wachen Zustand, als auch während des Schlafs auftreten. Es entsteht aus einer starken Kontraktion der Kaumuskeln und das Ergebnis ist ein irritierendes Geräusch von Zähnen, die aufeinandermahlen. Es kommt hauptsächlich in der Schlafphase 1 und 2 vor und ihm gehen meistens ein schnellerer Herzschlag und verstärkte Bewegungen des Körpers voran. Es kann so schlimm auftreten, daß den Zähnen und dem Zahnfleisch beachtlicher Schaden zugefügt wird. Ob es vom schlechten Zahnschluß oder seelischen Problemen verursacht wird, kann nicht mit Bestimmtheit beantwortet werden. Zur Behandlung können unter Umständen Medikamente verwendet werden, es helfen aber auch Gebißeinlagen, Entspannungstechniken und sogar Hypnose. Wenn es nur im geringen Maße auftritt, muß es nicht behandelt werden.

Es gibt aber auch andere, unfreiwillige Bewegungen des Körpers während des Schlafs, die den Eltern Sorgen bereiten können. Das Schlagen mit dem Kopf, oder wie es medizinisch heißt jactatio capitis nocturna, besteht aus einem rhythmischen Schlagen des Kopfes gegen das Kopfkissen, oder manchmal aus einer Schaukelbewegung des ganzen Körpers während des Einschlafens. Diese Bewegungen treten kurz vor dem Einschlafen und während des Schlafens auf. Es fängt meist im frühen Kleinkindalter an und verschwindet dann schnell wieder; manchmal bleibt es bestehen, besonders – aber nicht immer – bei Kindern mit unterdurchschnittlicher Intelligenz. Es ist harmlos und hinterläßt keine Folgeschäden und die einzige Vorkehrung, die man treffen sollte, ist sicherzustellen, daß alles, woran das Kind mit dem Kopf schlagen kann, zumindest weich ist.

Bettnässen

Das Bettnässen bereitet den meisten Eltern Sorgen wie kein anderes Problem, das während des Schlafes auftritt. Anderweitig auch als nächtliche Enuresis bekannt, kann es die Schlafenszeit, die ansonsten entspannt und genußvoll sein könnte, in eine Zeit voller Angst, Streß und Streit verwandeln. Das Kind, dessen Marsch ins Bett jedesmal mit dem Gefühl der Scham endet, kann wohl kaum mit großer Vorfreude auf das Zu-Bett-Gehen reagieren.

Bettnässen wird erst dann zum Problem, wenn ein Kind immer noch ins Bett macht, wenn die Mehrheit seiner Altersgenossen bereits »sauber« ist. Es gibt keine feste Trennungslinie zwischen normal und anormal. Die Geschichte, wie man im Normalfall die Kontrolle über seine Blase erlangt, wird weiter unten beschrieben, aber bitte behalten Sie meine Warnung vor solchen Durchschnittszahlen im Kopf, wie ich sie schon zuvor ausgesprochen habe. Das Kind, das diesem Plan nicht exakt folgt, ist nicht notwendigerweise anormal.

Das ganz kleine Kind kennt buchstäblich keine Blasenkontrolle. Die Blase füllt sich allmählich und wenn sie sich genügend gefüllt hat, leert sie sich wieder. Tatsache ist, daß ein Kind selten die Kontrolle über seine Blase gewinnt, bevor es laufen kann.

Wenn man schon zum Töpfchen nicht allein hinlaufen kann, hat ja das Warten auch keinen Sinn. Um den 15. und 18. Monat herum ist das Kind gewöhnlich fähig, der Mutter zu sagen, daß es eine nasse Windel hat, oder es sagt kurz »danach«, daß es aufs Töpfchen gehen will, wenn die Mutter schon nichts mehr dazu tun kann. Um den 18. bis 24. Monat herum wird es seiner Mutter rechtzeitig sagen können, daß es auf den Topf oder auf die Toilette gebracht werden muß, und mit zwei bis zweieinhalb kann es schon alleine gehen. Das dreijährige Kind kann vielleicht schon die Nacht trocken durchhalten, wenn es zur Zu-Bett-Geh-Zeit der Eltern noch einmal auf den Topf gesetzt wird.

Etwa neun von zehn Kindern im Alter von eineinhalb bis viereinhalb Jahren sind nachts trocken, wobei es den meisten Kindern im dritten Lebensjahr gelingt. Genauso wie bei den anderen Fähigkeiten, wie Sprechen oder Laufen, gibt es in der Entwicklung Unterschiede. Die Kontrolle über den Darm kommt gewöhnlich vor der Kontrolle über die Blase, und so kann es gelegentlich immer noch vorkommen, daß sich das Kind vor Aufregung naßmacht.

In ihrer eindrucksvollen Studie von 700 vierjährigen Kindern in Nottingham, fanden John und Elizabeth Newson heraus, daß in diesem Alter 27% der Kinder manchmal ins Bett machen, 19% einmal die Woche oder öfters, und daß 11% mehr nasse als trockene Nächte hatten. Das Bettnässen verursachte bei den betroffenen Eltern viel Sorgen. Sehr wenigen Müttern von einnässenden Kindern machte diese Tatsache nichts aus. Diejenigen, die sich am wenigsten sorgten, waren die Mütter, die bereits ältere Kinder hatten, die auch bettnäßten, aber schließlich gelernt hatten, es zu kontrollieren.

Die Gründe, warum man sich darüber aufregt, sind zahlreich. Wie die Newsons hervorgehoben haben, sind – kurz nach der Geburt des Babys – die Windeln an der Wäscheleine ein sichtbares Zeichen dafür, daß ein freudiges Ereignis stattgefunden hat. Man kann sogar stolz darauf sein. Wenn nach vier Jahren dort immer noch Windeln hängen, haben viele Eltern das Gefühl, versagt zu haben.

Es gibt auch andere, praktische Probleme. Ein Kind, das im Tiefschlaf ins Bett macht, öffnet seine Blase vollständig und hinterläßt sein Bett nicht nur feucht sondern tropfnaß. Die Probleme der Wäsche, des Geruchs und überhaupt die Beseitigung des ganzen Schmutzes kann eine Mutter schier zu Verzweiflung bringen, wenn ihr noch dazu von Ärzten und Freunden gesagt wird, daß sich dieses Problem schon wieder geben wird.

Bevor wir uns der Frage zuwenden, was man gegen Bettnässen tun kann, lohnt es sich, kurz die Theorien über die Ursachen des Bettnässens zu betrachten. Aus dem Versuch heraus, etwas Licht auf dieses Problem zu werfen, analysierten die Newsons ihre Daten, die sie über das Bettnässen erhoben hatten, auf verschiedenen Ebenen. Sie fanden einen Zusammenhang zur Schichtzugehörigkeit heraus: 18% der Kinder der Mittelschicht machen ins Bett, während es bei der Arbeiterklasse 30% waren. Sie verglichen die Erziehungspraxis körperlicher Bestrafung mit der Methode, den Kindern Erklärungen zu geben und prüften darüber hinaus die allgemeine Ordnung und Hygiene und den Zustand der Toiletten. In keinem dieser Punkte wurde ein statistisch signifikanter Unterschied festgestellt. Der schichtspezifische Unterschied beim Bettnässen konnte also nicht erklärt werden.

Viele Leute nehmen an, daß es eine Beziehung zwischen Bettnässen und Träumen gibt. Es ist jedoch so, daß das Bettnässen meistens in der ersten Hälfte der Nacht und gewöhnlich am Ende der Schlafphase 3 oder 4 oder beim Wechsel zur Schlafphase 1 oder 2 auftritt. Mit anderen Worten, es passiert nicht während der REM-Phase und kann deswegen auch nicht von Träumen beeinflußt sein. Natürlich kann es aber vorkommen, daß ein bereits nasses Kind zu träumen beginnt und die entstandene Nässe den Inhalt des Traums beeinflußt. Es ist aber bestimmt nicht umgekehrt.

Eine andere landläufige Meinung besagt, daß das bettnässende Kind eine zu kleine Blase besitzt, die die Ansammlung des Urins in der Nacht nicht halten kann. Solche Vermutungen wurden »bewiesen«, indem man solchen Kindern eine bestimmte Menge Flüssigkeit zum Trinken gab und dann den Zeitpunkt, an dem sie auf die Toilette gingen, mit dem von nicht bettnässenden Kindern verglich, die die gleiche Menge zu trinken bekamen. Die Tatsache, daß die Bettnässer früher gingen, besagt aber nichts weiter, als daß diese Kinder ängstlicher in bezug auf das Leeren der Blase reagierten, als ihre »trockeneren« Freunde. Solch ein »Beweis« beweist also überhaupt nichts.

Nach wie vor gibt es viele verschiedene Theorien, und immer wenn es zu einem Thema derartig viele Theorien gibt, kann man ziemlich sicher sein, daß keine von ihnen ganz richtig ist. Vor allem für Psychiater und Psychoanalytiker war das Bettnässen schon immer eine willkommene Spielwiese. Die Behauptung, das Bettnässen wäre eine unbewußte Aggressionshandlung der Mutter gegenüber, ist unhaltbar und höchst wahrscheinlich Unsinn. Trotzdem, wenn irgendeiner der Meinung ist, daß diese Theorie eine herausfordernde Diskussionsgrundlage bietet, kann ich ihn nicht vom Gegenteil überzeugen. Das ist das Schöne an der Psychoanalyse. Sogar der Zweifel daran, was sie behauptet, kann als weiterer Beweis dafür geltend gemacht werden, daß sie sich im Recht befindet, denn der Zweifler ist, nach ihrer Ansicht, ja auch von seinen eigenen unbewußten Verhaltensweisen und Einstellungen geprägt. Mit einem Psychoanalytiker zu diskutieren bedeutet soviel wie, ›bei Zahl verliere ich, bei Kopf gewinnst Du‹.

Eine Theorie, die ich interessant finde, stellt die These auf, daß es um das Alter von drei Jahren herum eine kritische Phase gibt, die das Trockenwerden bei Nacht beeinflußt. In einer Analyse des Problems im Jahr 1967 fand J. W. B. Douglas heraus, daß eine Beziehung bestand zwischen Bettnässen im Alter von 4½ Jahren und einer Reihe von kritischen Erlebnissen im Alter von 2 bis 3 Jahren, wie z. B. Krankheit, Operation und Trennung von der Familie.

Andere behaupten, daß das Bettnässen im Alter von drei Jahren von einer verspäteten Reife verursacht wird, im Alter von 4 Jahren die Angst schuld ist, und mit fünf die Tatsache, daß man die Chance, es zu lernen, im kritischen Alter von drei Jahren verpaßt hat. Später mag wieder die Angst die eigentliche Problemursache sein – doch diesmal die Angst vor dem Bettnässen. Es mag einige Wahrheit hinter diesem Argumentationsstrang stekken, aber ich finde immer noch die Schlußfolgerung, die Werry nach der Untersuchung aller möglichen Ursachen gezogen hat, am einleuchtendsten, als er sagte, daß es keine einzige offensichtliche Ursache für dieses Problem gibt und daß jede »leichtfertige Verallgemeinerung« am besten ignoriert werden sollte.

Auch die ausschließenden Theorien haben einige nützliche Informationen gebracht. Enuresis bedeutet nicht, daß das Kind neurotisch ist. Bei einem neurotischen Kind kann Bettnässen eine Folgeerscheinung sein. Daraus folgt nicht, daß der Bettnässer neurotisch ist, obwohl in der Vergangenheit viele Ärzte und Eltern diese falsche Behauptung vertreten haben.

Körperliche Ursachen sind ebenso ungewöhnlich, besonders wenn das Kind nur nachts einnäßt. Wenn eine körperliche Funktionsstörung an der Blase, den Nieren oder am übrigen Urinsystem vorliegt, ist es nicht einzusehen, warum sie dann nur in der Nacht Probleme verursacht. Wenn jedoch Kinder auch am Tag Schwierigkeiten beim Wasserlassen haben, sollte man dies näher untersuchen.

Zu den Ursachen aus dem Bereich der Mythen, weitergereicht von Mutter zu Mutter, gehören eine zu lange Vorhaut, Fadenwürmer und ein außergewöhnlich tiefer Schlaf. Der letzte Aspekt ist interessant. Es gibt fast genauso viele Beweise dafür, daß dies ein Grund für Bettnässen sein kann, wie für das Gegenteil. Manche Tiefschläfer sind Bettnässer, manche nicht.

Als vorsichtige Schlußfolgerung kann man, meiner Meinung nach, anführen, daß als mögliche Ursache für Enuresis ein verzögerter Reifeprozeß, schichtspezifische Faktoren, seelische Faktoren und – sehr selten – auch körperliche Faktoren in Betracht gezogen werden können. Was auch immer das Problem verursacht hat, am meisten interessiert es die Eltern doch, was man dagegen tun kann. Bevor ich auf Behandlungsmöglichkeiten eingehe, will ich zuerst beschreiben, wie Eltern selbst damit umgehen.

Die Newsons stellten in ihrer Studie aus Nottingham folgende Palette von Reaktionsmöglichkeiten fest: Bestrafung, Drohungen, Beschämungen, Bestechungen, Erfolgsbelohnungen, Verständnis, das Angebot, ein neues Bett anzuschaffen, die ganze Sache herunterspielen oder wütend werden. Jede dieser Methoden funktioniert bei manchen Kindern zu bestimmten Zeiten. Mit anderen Worten – nachdem man irgendeine dieser Möglichkeiten ausprobiert hat, werden manche Kinder »trocken«, obwohl dies kein Beweis für Ursache und Wirkung darstellt. Andere Eltern haben jede dieser Methoden nacheinander ausprobiert und sind gescheitert. Was erfolgsversprechend aussieht ist der Wechsel der verschiedenen Möglichkeiten. Vielleicht hilft gerade der Wechsel und nicht die jeweilige Methode. Die Kinder finden vielleicht die eine Methode langweilig und wenn man eine andere versucht, könnte ihr Interesse wieder geweckt werden.

Der häufigste Ratschlag, den diese Eltern bekommen hatten, war, die Trinkmenge zur Schlafenszeit zu reduzieren. Dies kann das Problem verschlimmern, da das Kind sich dann mehr in Gedanken mit dem Trinken beschäftigt, in derselben Art und Weise, wie eine Person, die gerade eine Fastenkur macht, mehr über das Essen nachdenkt als sonst. Solch ein Ansatz ist zum Scheitern verurteilt. Es gibt keinen Beweis dafür, daß das Trinken zur Schlafenszeit Bettnässen verursacht.

Eine anderer Ratschlag, den Eltern sehr oft bekommen, ist, das Kind nachts auf den Topf zu setzen. Über diesen Rat bin ich nicht glücklich. Der gesunde Menschenverstand sagt einem, daß, falls das Kind nicht vollkommen wach ist, es immer noch im Schlaf urinieren wird. Es lernt auf diese Weise keine neue Fähigkeit und außerdem empfinde ich die Aktion, ein Kind mitten in der Nacht gewaltsam zu wecken, als extreme Bestrafung. Diese Methode ist sinnvoll, wenn Ihnen daran liegt, wieder weniger Leinentücher waschen zu müssen. Sie trägt jedoch nicht dazu bei, das Problem langfristig zu lösen.

Was meine zwei Kinder betrifft, funktionierte die »Bestechung« bei Katy traumhaft. Als sie zweieinhalb war, fragte sie uns, ob sie ein schönes Nachthemd für Erwachsene tragen dürfte. Wir sagten, daß sie eines tragen dürfte, wenn sie nachts keine Windeln mehr bräuchte, da Windeln unter einem solchen Nachthemd etwas seltsam aussehen würden. Zu unserem Erstaunen kam sie gleich am nächsten Morgen in unser Zimmer gestürzt und wedelte dabei keck mit ihrer trockenen Windel. Christopher jedoch war an der ganzen Sache völlig uninteressiert. Manchmal waren seine Windeln morgens naß, manchmal waren sie trocken. Wir machten uns auch viel weniger Gedanken, vielleicht auch deshalb, weil wir uns gerade eine neue Waschmaschine gekauft hatten, mit der die Wäsche der Leintücher kein Problem mehr war. Schließlich, als er etwa vier Jahre alt war, bemerkten wir, daß er eine ganze Woche trocken geblieben war und ließen die Windeln weg. Die nächsten paar Monate machte er gelegentlich noch aus Aufregung ins Bett, doch dies wurde allmählich immer seltener.

Nehmen wir an, daß Sie nicht so viel Glück hatten und Sie konsultieren Ihren Arzt deswegen, was wird er tun? Zuerst wird er wissen wollen, ob Ihr Kind schon einmal trocken war. Wenn nicht, so nennt man das primäre Enuresis. Wenn das Kind schon einmal trocken war und dann wieder bettnäßt, nennt man das sekundäre Enuresis. Im letzteren Fall wird er die Frage stellen, wann das Nässen wieder anfing. Gab es da ein neues Geschwisterchen? Passierte irgendwann ein Verkehrsunfall oder etwas ähnlich Dramatisches? Bei allen Bettnässern wird er die Frage nach der Kontrolle über die Blase zur Tageszeit stellen.

Nachdem er so viele Details wie möglich über das Problem herausgefunden hat, wird er das Kind körperlich untersuchen und seinen Urin im Labor testen lassen. Eine kompliziertere Untersuchung wie etwa ein Nierentest oder eine Röntgenaufnahme ist in den meisten Fällen nicht nötig. Die Urinprobe jedoch ist unvermeidbar, um eine mögliche akute Infektion festzustellen und sicherzugehen, daß keine Nierenstörung vorliegt. Nach dieser Untersuchung wird der Arzt versuchen, Ihnen das Problem zu erklären, Sie beruhigen und eine bestimmte Perspektive aufzeigen. Für die Eltern ist ein solches Gespräch dadurch oft schon hilfreich, daß sie erkennen, daß ihr Kind normaler ist als sie dachten. Und wenn ihre Ängste bezüglich der dahintersteckenden medizinischen und psychiatrischen Ursachen abgeschwächt werden, können sie der ganzen Angelegenheit mit viel größerer Ruhe begegnen. Das allein kann schon genügen, das emotionale Klima um die Schlafenszeit herum zu verbessern, so daß sich das Problem von alleine löst.

Der wichtigste Rat, den Ärzte geben können, ist, wohlwollend zu sein. Die »trockenen« Nächte zu loben und die »nassen« zu ignorieren, ist im allgemeinen wesentlich wirkungsvoller, als die »nassen« Nächte zu bestrafen. Diese Technik kann mit den sogenannten Sterntabellen durchgeführt werden. Dies sind Tabellen, auf denen die Tage der Woche aufgezeichnet sind und auf denen das Kind seine trockenen Nächte markieren kann. Zum Beispiel kann das Kind mit einem blauen Stern, den es auf die entsprechende Stelle aufklebt, eine trockene Nacht prämieren, und mit einem goldenen Stern drei aufeinander folgende Nächte. Wichtig ist, daß das Kind die Sterne selbst aufklebt. Es präsentiert dann diese Tabelle nach ein paar Wochen seinem Doktor, um zu zeigen, wie es sich gemacht hat. Der Arzt wird seine Fortschritte positiv verstärken, indem er die trockenen Nächte lobt. Dies soll so lange fortgesetzt werden, bis das Kind zwei Monate lang fast vollständig trocken war. Diese Methode hat keine negativen Nebenwirkungen und ich bin immer wieder erstaunt darüber, wie erfolgreich sie sein kann. Das Lob kann sogar durch »Bestechung« verstärkt werden. Die Eltern können dem Kind ein kleines Geschenk für jeden goldenen Stern in Aussicht stellen. Ich persönlich rate dazu aber erst dann, wenn feststeht, daß das Kind sowieso Fortschritte macht, weil durch so ein Extralob der Prozeß noch beschleunigt wird. Für das Kind aber, das keine Fortschritte macht, kann die Tatsache, daß es sich das Geschenk nicht verdient hat, das Gefühl der eigenen Unfähigkeit noch verstärken.

Eine andere einfache Behandlungsmethode, die einige Ärzte empfehlen, ist das »Blasentraining«. Der Arzt erklärt dem Kind, daß die Blase ein Muskel wie jeder andere sei, der durch Training kräftiger werden kann. Das Kind bekommt die Instruktion, daß es beim nächsten Mal, wenn es auf der Toilette geht, mittendrin anhalten und solange zählen soll wie möglich, bis es den Strahl wieder freigibt. Wenn es schafft, dabei bis zwanzig zu zählen, wird es gelobt, weil es nun schon eine bessere Kontrolle über seine Blase hat. Nun könne es diese Kontrolle auch auf die Nacht ausdehnen. Ich bezweifle, daß dies mehr als eine clevere Art von Suggestion darstellt, aber es kann funktionieren. (Gelegentlich hört man, daß es einem beim Betreten der Toiletten bestimmter Kinderkrankenhäuser passieren kann, daß man einen ganzen Chor von kleinen Jungen hören kann, die verzweifelt bis zwanzig zählen).

Die Erwähnung der Suggestion bringt mir auch die Anwendung der Hypnose in Erinnerung. In der Hypnose wird das Kind wiederholt ermutigt, daran zu glauben, daß es in der Nacht trocken bleiben kann. Befürworter geben beeindruckende Erfolge an. Sie kann aber nur bei Kindern über acht Jahren angewendet werden. Zum Beispiel kann ein Kind dahingehend beruhigt werden, daß das Bettnässen nicht so schlimm sei – um so die emotionale Gewichtigkeit des Problems abzuschwächen – und daß es fähig sein wird, aufzuwachen, wenn es urinieren muß. Das Problem mit der Hypnose ist, daß sie erstens sehr zeitaufwendig ist und daß zweitens fähige Fachkräfte sehr selten sind. Es gibt viele Vorteile: die Hypnose ist sanft, sicher und dazu geschaffen, Ängste zu vertreiben und das Selbstbild des Kindes, das durch das Bettnässen enorm angekratzt sein kann, wieder aufzubauen.

Sollten die Sterntabellen, das »Blasentraining« und alle anderen Ratschläge nicht zum Erfolg geführt haben, was soll dann geschehen? In der Vergangenheit wurden schon faszinierende Methoden ausprobiert. Das erste Buch über Medizin in englischer Sprache war Thomas Phaers Buch *»Das Buch der Kinder«*. Hier wurden Behandlungsmethoden empfohlen, die die Verwendung solch abenteuerlicher Hilfsmittel wie die Luftröhre eines Hahns oder die Pfote einer Ziege erforderlich machten.

Andere Behandlungsformen der Vergangenheit bestanden aus Brennesseln für den Penis und aus Nigeria stammt die Methode, eine Kröte an den Penis zu binden, die das Kind mit ihrem Gekrächze wecken sollte, wenn es das Urinieren verschlafen hatte!

Die modernen Behandlungsmethoden sind da etwas anders, obwohl sie in 200 Jahren vielleicht auch leicht bizarr erscheinen mögen. Es gibt zwei verschiedene Ansätze. Viele Ärzte verschreiben Medikamente, vor allem die Gruppe der tricyclischen Antidepressiva. Am bekanntesten sind Imipramin und Amitryptillin, die in der ganzen Welt unter den verschiedensten Namen auf dem Markt sind. Da ihre Wirkung jedoch unsicher ist, kann sie auch nicht darauf zurückgeführt werden, daß es sich bei diesen Medikamenten um Antidepressiva handelt. Sie wirken eher dadurch, daß sie den Muskel, der das Leeren der Blase kontrolliert, etwas gefühllos machen. Ohne begleitende Maßnahmen können sie das Bettnässen ziemlich schnell beenden, nach Absetzen des Mittels tritt das Bettnässen jedoch erneut auf. Wenn die medikamentöse Behandlung jedoch zum Beispiel mit der Sterntabellenmethode kombiniert wird, kann sie durchaus nützlich sein. Der Gebrauch dieser Medikamente ist aber eher abnehmend und sie werden meist nur noch für bestimmte Gelegenheiten verschrieben, wie zum Beispiel für Schulausflüge über Nacht oder wenn eine Mutter ganz verzweifelt ist. Sie können auch verwendet werden, wenn das Kind völlig das Vertrauen darauf verloren hat, je »trocken« zu werden. Der Grund, warum sie aus der Mode gekommen sind, liegt auf der Hand: wenn sie in einer Überdosis eingenommen werden, können sie sehr gefährlich sein. Kindersichere Verschlüsse und die elterliche Vorsicht können das Risiko zwar verringern, doch scheint es für einen ansonsten harmlosen Zustand – obwohl er einen zur Verzweiflung bringen kann – kaum annehmbar zu sein, überhaupt ein Risiko einzugehen.

Die modernste Behandlungsart ist wohl der Enurese-Alarm. Er besteht aus einem Summer, der über einen biegsamen Draht zu einem Metallplättchen im Bett des Kindes führt. Die Apparatur ist batteriebetrieben und vollkommen sicher. Wenn eine kleine Menge Urin austritt, geht der Alarm los und weckt das Kind auf, das sofort zu urinieren aufhört. Das Kind kann daraufhin ganz normal auf die Toilette gehen. Nach einigen Nächten, in denen es aufgeweckt wird, wird der Reflex automatisiert und das Kind wacht vor dem Alarm auf. Im Durchschnitt reichen 15mal Alarm aus, um das Bettnässen zu stoppen.

Die Erfolgsrate wird unterschiedlich hoch angegeben, doch ein Mitarbeiter des Londoner Gesundheitsamtes stellte fest, daß 80% der Bettnässer innerhalb einer Zeitspanne von einer Woche bis zu sechs Monaten geheilt wurden, in einer durchschnittlichen Zeit von dreieinhalb bis vier Monaten. Es ist keine ganz einfache Methode und es ist wichtig, daß die Eltern den Gebrauch genau verstanden haben. Beengte Verhältnisse zu Hause, Zimmer die von mehreren Kindern benutzt werden und sehr tief schlafende Kinder erschweren diese Methode, doch auch unter diesen Bedingungen kann sie zum Erfolg führen.

Wenn ein Kind einmal drei Wochen lang trocken geblieben ist, kann diese Methode gewöhnlich abgesetzt werden. Einige bezeichnen diese Behandlungsart als unlogisch. Sie sagen, daß

das Ideal einer ungestörten Nacht nicht erreicht wird, wenn das Kind nach der Verwendung des Alarmgeräts nachts immer auf die Toilette geht. Es läßt sich jedoch feststellen, daß trotz des anfänglichen Gangs zur Toilette, dies nach wenigen Wochen gewöhnlich aufhört und die Nächte dann ungestört sind.
Einer der größten Hersteller dieser Alarmanlagen, N. H. Eastwood & Son Ltd. aus London, hat kürzlich eine sehr kleine elektronische Anlage auf den Markt gebracht, die viel einfacher zu bedienen ist als die alten Geräte. In einem Artikel im *British Medical Journal* wurde dieses Gerät als billiger gegenüber früheren Alarmgeräten und als äußerst gut funktionierend beschrieben. Kinder, die schon beide Geräte ausprobierten, zogen die Miniversion, die ihre Sensorplättchen in einem anpressbaren Frotteetäschchen hat, den alten Geräten vor. Der große Vorteil besteht darin, daß normale Schlafanzüge getragen werden können, im Gegensatz zu den alten Geräten, bei denen keine Pyjamaknöpfe vorkommen durften. Etwas seltsam ist die Annahme, daß dies nicht mehr als die elektronische Version der alten afrikanischen Methode darstellt, eine Kröte an den Penis des Buben zu binden!
Schließlich wurde noch ein anderes Medikament zur Behandlung von Enuresis getestet und für sehr wirkungsvoll befunden. Das Medikament Pitresin wird zur Schlafenszeit die Nase hochgeschnupft. Es ist ein antidiuretisches Hormon, das eine direkte Wirkung auf die Nieren hat und die Urinproduktion reduziert. Es ist sehr wirksam, zeigt jedoch eine Menge von schwerwiegenden Nebenwirkungen. Die Resultate einer Versuchsreihe in Israel sind zwar sehr eindrucksvoll, doch leider war mit dem Absetzen des Medikaments auch das Wiederkehren des Bettnässens verbunden. Das Medikament ist sehr teuer und ich glaube nicht, daß es sich in der alltäglichen Verwendung durchsetzen wird. Es ist nur ein Medikament einer langen Liste von Behandlungsarten, die bis ins alte Ägypten aus dem Jahr 1550 vor Christus zurückreichen. Es wird auch bestimmt nicht das letzte sein.

Spezielle Fälle – Die Schlafprobleme der behinderten, hochbegabten und hyperaktiven Kinder

Jedes Kind kann die bereits beschriebenen allgemeinen Schlafprobleme haben, doch es gibt auch bestimmte Gruppen von Kindern, die noch zusätzliche Probleme haben oder bei denen ein verstärktes Vorkommen bestimmter Schlafstörungen anzutreffen ist.

Das behinderte Kind

Das schlecht hörende Kind scheint für nächtliches Aufwachen und schlechtes Einschlafen besonders anfällig zu sein. 1977 wurde eine Vergleichsstudie zwischen 68 Kindern mit verminderter Hörfähigkeit und einer Gruppe normalhörender Kinder durchgeführt. Beide Gruppen von Kindern gingen zur selben Zeit ins Bett und schliefen auch durchschnittlich genauso lang, doch bei den tauben Kindern dauerte es fast doppelt so lang, bis sie eingeschlafen waren.
Blinde Kinder oder Kinder, die einen anderen schweren Sehfehler haben, können auch spezielle Schwierigkeiten zur Schlafenszeit haben. Viele ihrer Eltern berichten von Problemen, und die meisten nehmen an, daß sie deshalb auftreten, weil das Kind die Dunkelheit nicht wahrnehmen kann, die ja sonst das Signal zur Schlafenszeit ist. Obwohl dies eine mögliche Erklärung sein könnte, so muß man doch bedenken, daß Kinder weit feinfühliger auf ihre Umwelt reagieren als es dieser einfache Erklärungsansatz zuläßt. Sie können die Schlafenszeit zum Beispiel auch an der unterschiedlichen Stimmungslage daheim erkennen, oder daran, daß der Hauptverdiener von der Arbeit nach Hause kommt oder einfach an offensichtlichen Hinweisen wie z. B. durch eine bestimmte Radio- oder Fernsehsendung. Die Schwierigkeiten sind wahrscheinlich eher mit der Tatsache verknüpft, daß blinde Kinder oft körperlich nicht so aktiv und beschäftigt sind wie andere Kinder und deshalb weniger müde sind. Natürlich gibt es keinen Grund dafür, daß sehbehinderte Kinder nicht die gleichen

Schlafprobleme haben sollten wie jene Kinder, die gut sehen können.

Die geistig behinderten Kinder haben spezifische Probleme. Kinder mit Down Syndrom (Mongolismus) zum Beispiel sind oft während der Nacht sehr unruhig, auch wenn sie schlafen. Diese Unruhe kann dazu führen, daß sie ihre Bettdecke wegstrampeln, was, für sich gesehen, ja nichts Ungewöhnliches darstellt und bei anderen Kindern auch nicht von Wichtigkeit ist. Diese Kinder haben jedoch ein relativ schlecht funktionierendes autonomes Nervensystem, das die Körpertemperatur nur ungenügend steuert, und deswegen kann das Abhandenkommen der Bettdecke sehr gefährlich sein.

Schlechte Wärmeregulierung mag auch der Grund für ihren unruhigen Schlaf darstellen, da sie sich, besonders beim Zu-Bett-Gehen besonders erhitzt fühlen. Das führt dazu, daß sie die Bettdecke wegstrampeln, und da sie kurz bevor dies geschieht, besonders heiß sind, sind ihre Blutgefäße erweitert, was zu noch größerem Wärmeverlust führt. Es gilt als erwiesen, daß dieser Wärmeverlust zu Infektionen des Hals- und Brustraums führen kann. Kinder mit Down Syndrom sind im allgemeinen anfälliger für Infektionen, da ihr Abwehrsystem relativ schlecht ausgebildet ist.

Viele Babys mit Down Syndrom sind sehr oft alles andere als schlaflos; sie schlafen besonders viel. Dem sollte, wenn möglich, entgegengewirkt werden, da sie sonst, wenn sie zuviel schlafen, zu wenig Anregungen bekommen, und dadurch ihre Entwicklung nicht ausreichend gefördert werden kann.

Kinder mit Down Syndrom können an den gleichen Schlafproblemen leiden wir andere Kinder, deshalb sollten auch bei der Behebung der Störungen dieselben Prinzipien gelten, wie wir sie bereits besprochen haben. Ein warnender Hinweis sollte an dieser Stelle jedoch angeführt werden. Kinder mit Down Syndrom sind noch mehr auf feste Gewohnheiten fixiert als andere Kinder. Veränderungen bei Routinehandlungen sind für sie deshalb nicht besonders förderlich. Die Praxis, Kinder mit ins eigene Bett zu nehmen, scheint mir bei diesen Kindern keine besonders gute Idee zu sein. Die Gewohnheit, mit den Eltern in einem Bett zu liegen – ganz zu schweigen von der verführerischen Wärme, die sie dabei genießen, im Gegensatz zur Kälte, wenn sie wieder heraus müssen – kann sehr schwer wieder aufgegeben werden. Der Direktor des nationalen Centers für Down Syndrom in Großbritannien erzählte mir von einem 30jährigen Mann, der immer noch mit seinem Bruder und seiner Stiefschwester in einem Bett schlief. Es ist deshalb ratsam, auf diese Möglichkeit zur Bekämpfung der Schlaflosigkeit bei Kindern mit Down Syndrom zu verzichten.

Geistig behinderte Kinder können auch an der Gewohnheit, mit dem Kopf auf das Kissen zu schlagen, leiden, obwohl dies keineswegs nur für diese Gruppe von Kindern üblich ist. Doch bei ihnen kann es länger und auch häufiger auftreten. Dieses und andere Probleme wurden in der Vergangenheit häufig mit Medikamenten behandelt, doch es besteht kein Zweifel, daß auch verhaltenstherapeutische Techniken sehr wirkungsvoll sein können.

Besonders begabte Kinder

Auch besonders begabte Kinder haben häufig Probleme. Eine weit verbreitete Tatsache, von der Eltern der nationalen Vereinigung für hochbegabte Kinder berichten, ist der wenige Schlaf, mit dem ihre Kleinen auskommen. Ein Problem entsteht dann, wenn die Kinder weit weniger Schlaf brauchen wie ihre Eltern, was zur Folge hat, daß die Eltern doppelt erschöpft sind. Es ist schlimm genug, nachts nicht schlafen zu können, doch noch schlimmer ist es, wenn Sie es mit einem wißbegierigen Kind zu tun haben, das ständig Aufmerksamkeit und Anregung verlangt. Obwohl nicht alle Kinder mit überdurchschnittlicher Intelligenz weniger als der Durchschnitt schlafen, und auch Schlaflosigkeit nicht bedeutet, daß ein Kind hochintelligent ist, gibt es doch in vielen Fällen einen Zusammenhang.

Die Fähigkeiten manch hochbegabter Kinder sind schon bemerkenswert. Eine Mutter schrieb von ihrem Sohn, daß er nicht nur bereits mit 16 Monaten ganze Sätze fließend sprechen konnte, sondern schon mit zweieinhalb Jahren Schach spielte. Sie fand heraus, daß sich sein Schlaf immer dann drastisch verbesserte, wenn er wieder etwas neues dazugelernt hatte. Bevor er drei

Jahre alt war, lernte er Lesen und begann darauf prompt, die Nacht durchzuschlafen. Dies hielt ungefähr sechs Monate an. Sie brachte ihm dann Schreiben bei, und, obwohl sein Schlaf wieder sehr schlecht geworden war, verbesserte er sich daraufhin schlagartig. Sie war sich nun darüber sicher, daß er solche geistigen Anregungen brauchte, um gut zu schlafen. Er geht heute selten vor halb zwölf ins Bett, liest aber bis dahin ruhig für sich selbst und schläft dann die ganze Nacht hindurch.

Diese Erfahrung ist kein Einzelfall. Der Vorsitzende einer regionalen Gruppe der nationalen Vereinigung für hochbegabte Kinder schrieb mir von seinen Erfahrungen, die ich hier zitieren will: ›Zu mir kamen oft Eltern mit denselben Problemen, mit demselben Mangel an Verständnis, Sympathie oder konstruktiven Ratschlägen von Seiten der Allgemeinärzte, und ich habe schon vielen Eltern geraten, ihre ganz jungen Kinder geistig besonders zu fördern. Dies funktionierte immer – der Schlafrhythmus der Kinder normalisierte sich und der Familienfrieden war gerettet.‹

Das wirklich hochbegabte Kinder hat offensichtlich öfters Schlafprobleme und es wird häufig behauptet, daß ein Kind, das nicht richtig schläft, überdurchschnittlich intelligent sei. Es gibt aber auch Stimmen, die dies für einen guten Trost halten. Auch mich hat es immer aufgebaut, wenn ich mir sagte, daß meine zwei deshalb so anstrengend sind, weil sie besonders begabt sind. Es ist natürlich möglich, daß ein Kind, das im Durchschnitt länger wach ist, mehr Anregung und Zeit zum Lernen hat, doch es gibt keinen wirklichen Beweis dafür, daß »schlaflose« Kinder auch die gescheiteren sind.

Hyperaktivität

Dies ist die Bezeichnung für ein Kind, das mit ungezügelter Energie körperlich wie geistig ruhelos ist. Diese Kinder sind impulsiv, leicht ablenkbar und nervös. Sie sitzen nicht still, sprechen sehr viel, schlafen sehr schlecht und sind für ihre Eltern äußerst anstrengend.

Die Diagnose von Hyperaktivität ist jedoch nicht so klar umrissen. Manche Fachleute bezweifeln sogar, ob die Hyperaktivität überhaupt ein medizinisches Krankheitsbild darstellt. Es ist interessant, daß zwei der führenden Bücher über Kinderpflege in unserem Jahrhundert dieses Thema kaum anschneiden. In Dr. Benjamin Spocks Buch *Säuglings- und Kinderpflege* steht nicht eine Seite darüber. In Hugh Jollys Buch *Das gesunde Kind* wird sie nicht einmal erwähnt. In Schrag und Divokys Buch *Über den Mythos des hyperaktiven Kindes* wird das Thema ausführlich behandelt, wobei man allein am Titel schon die Einstellung der Autoren zu Hyperaktivität erkennen kann.

Ich will hier nicht in die Debatte über Hyperaktivität einsteigen, doch es ist interessant, festzustellen, daß sie in den Vereinigten Staaten weitaus mehr geführt wird als in Europa – ein Unterschied, der wahrscheinlich mehr über die Einstellung der Ärzte besagt, als über die Gesundheit der Kinder. Viele amerikanische Ärzte glauben, daß sie von einer leichten frühkindlichen Hirnschädigung verursacht wird, der verschiedene Gründe wie z. B. Geburtstrauma, Nahrungsallergien oder unspezifischer Vitaminmangel zugrundeliegen können. Die Behandlung, die auch medikamentös erfolgt, zielt darauf ab, das zu korrigieren, was man als dahintersteckendes Problem ansieht.

1973 stellte Dr. Ben Feingold aus Californien fest, daß Salicylate, künstliche Farbstoffe und Geschmacksverstärker die Ursachen von Hyperaktivität seien. Er brachte zwei sehr erfolgreiche Bücher auf den Markt, in denen er zu Diäten und Möglichkeiten, diese Substanzen zu vermeiden, rät und in denen viele Anekdoten und Berichte von Menschen zu lesen waren, denen eine Diät, die diese Substanzen wegließ, half. 1980 widmeten sich aber Frederick Stare und seine Kollegen vom Institut für Ernährungsfragen an der Harvard Schule für öffentliche Gesundheit und das amerikanische Council für Wissenschaft und Gesundheit in New York ausführlich diesem Thema. Sie stellten fest, daß, obwohl das Thema noch in den Kinderschuhen stecke, die Ernährung als Hyperaktivitätsursache wohl kaum in Frage käme. Die Einstellungen und Meinungen zu diesem Thema sind sehr unterschiedlich. Es ist schwierig, festzustellen, wer Recht hat und wer nicht, es scheint jedoch wichtig zu sein, einen vernünftigen und offenen Blick für das Thema zu bewahren.

Die englische Meinung zum Thema Hyperaktivität ist da ganz anders. Es liegt auf der Hand, daß – obwohl in manchen Fällen vielleicht eine kleine physiologische Störung des Gehirns vorliegen mag – dies bei den meisten Kindern nicht der Fall ist. Es ist deshalb bei der Mehrzahl der Fälle ein Verhaltensproblem und hat so viele Ursachen wie es Patienten gibt. Wenn andere potentielle Gründe – wie etwa Nebenwirkungen von bestimmten Medikamenten oder geistiger Behinderung mit Enthemmungsreflex – ausgeschlossen sind, muß der familiäre Hintergrund beleuchtet werden. Gibt es ein Ungleichgewicht an Aktivität innerhalb der Familie, wie ein Autor meint? Reagiert ein Kind einfach darauf, daß es nicht die Chance bekommt sich ungehemmt körperlich zu betätigen? Gibt es andere Ängste und Spannungen in der Familie, die dem Problem zugrundeliegen? Zweifelsohne muß auf diesem Gebiet noch sehr viel erforscht werden.

Es läßt sich aber auch keinesfalls behaupten, daß solch überaktive Kinder nur der Einbildungskraft der Eltern entspringen. Eine Mutter schrieb mir: ›Wenn Sie daran zweifeln, daß es so etwas gibt, versuchen Sie es 'mal eine Woche lang mit meinen Kindern.‹ Es gibt selbstverständlich Therapiemaßnahmen, sei es mit Hilfe von Medikamenten oder Psychotherapie, und da vor allem der Verhaltenstherapie. Eine Studie, die die Erfolge der Verhaltenstherapie untersuchte, berichtete von Erfolgen innerhalb von vier bis sechs Wochen. In die Behandlung eingeschlossen war eine Anleitung für die Eltern, wie sie mit ihrem Kind umgehen sollten, um bestimmte unannehmbare Verhaltensweisen ihrer Kinder zu verändern oder auszuschließen. Zum Beispiel wurde ein Kind dazu angehalten, länger und öfter dazusitzen, als es gewohnt war. Diese Zeiten wurden schrittweise verlängert, bis das Verhalten des Kindes mehr oder weniger mit dem der nicht hyperaktiven Kinder vergleichbar war. Dies klingt sehr einfach, aber es funktionierte. Techniken der Verhaltenstherapie (siehe S. 127ff.) können auf Schlafprobleme von hyperaktiven, wie auch von normalen Kindern angewendet werden.

Selbsthilfegruppen können Eltern dabei helfen, sich nicht so allein mit ihrem Problem zu fühlen. Sally Bundy, die einer solchen Gruppe angehört, schrieb: ›Als man mir erzählte, daß es eine Ursache für sein schreckliches Verhalten gab, war das hilfreich, aber es löste das Problem noch nicht. Nach zweieinhalb Jahren schlafloser Nächte aber zu erfahren, daß es nicht meine Schuld war, war eine ungeheure Erleichterung.‹

Hyperaktivität, was immer sie auch letztlich sein mag, verursacht mit Bestimmtheit schlaflose Nächte, doch die große Mehrheit der »schlaflosen« Kinder ist nicht hyperaktiv. Trotzdem – die Erkenntnis, daß es nicht immer an den Eltern liegt, kann schon eine erhebliche Erleichterung darstellen.

Zahlreiche Untersuchungen haben gezeigt, daß es mögliche Zusammenhänge zwischen Chemikalien, die Lebensmitteln zugefügt werden, und Hyperaktivität bei Kindern gibt. Besonders einige Farbstoffe wurden daraufhin untersucht und sind zum Teil nicht mehr zugelassen.

Auf dem Gebiet der Überempfindlichkeit gegenüber chemischen Stoffen muß in Zukunft sicher noch mehr geforscht werden. Denn solange keine wissenschaftlich gesicherten Daten zu diesem Thema existieren, bleibt diese Kontroverse ungeklärt.

Teil 3
Andere Möglichkeiten

Die »Besucherritze«

Die meisten Menschen haben ein klares Bild davon, wie ein normales, glückliches und gesundes Familienleben während der Nachtstunden auszusehen hat. Die Eltern befinden sich im elterlichen Schlafzimmer und die Kinder schlafen fest, entweder in einem Zimmer zusammen oder, wenn es die Umstände erlauben, jedes in seinem eigenen Zimmer. Die Zimmer der Kinder sind warm und gemütlich, die Bettbezüge und die Tapete sind lustig und freundlich. Ein Bild häuslichen Wohlbehagens!
Dies ist ein solch weit verbreitetes Bild westlichen Lebensstils im späten 20. Jahrhundert, daß wir alle dazu tendieren, es für die einzige Möglichkeit zu halten, wie man die Schlafenszeit im Haus organisiert. Und unser Wunsch nach Konformität ist derart ausgeprägt, daß, wenn jemand herausfindet, daß dieses System für ihn nicht funktioniert, er nicht mit Freuden und Erleichterung nach einer Alternative sucht, sondern ein schlechtes Gewissen hat, weil er nicht den »normalen« Weg geht.
Judy, eine Mutter aus dem Norden Englands, schrieb mir über ihre Gefühle ihrem Sohn gegenüber: ›Wir hatten ihm ein wunderschönes Schlafzimer eingerichtet, fröhliche, kräftige Farben und Muster überall – und er haßte es. Jedesmal, wenn wir ihn ins Bett brachten, schrie er. Wir probierten alles aus: warmes Zimmer, warmes Bettchen, sich beim Einschlafen neben ihn legen, ihn wach in sein Bettchen legen, ein musikalisches Mobile – alles ohne Erfolg. Jede Nacht war ein einziger Kampf. Schließlich – in größter Verzweiflung und obwohl wir uns ganz schlecht dabei vorkamen – nahmen wir ihn in unser Bett! Friedliche Stille, eine ganze Nacht ohne Störung! Doch Ärzte und andere Eltern erzähl-

ten uns, was für einen schlimmen Fehler wir machen würden. Ich fand allerdings, wenn es uns ein bißchen Ruhe gab, war es das wert; ich hatte aber ein schlechtes Gewissen dabei und machte mir große Sorgen. Schadete ihm das? Ich mußte es wissen.‹

Judy hätte sich keine Sorgen zu machen brauchen. Getrennt schlafen ist ein relativ neues Kapitel der Menschheitsgeschichte. Früher und auch noch heute in anderen Kulturkreisen war und ist die normale Schlafanordnung für die Familie, in einem Raum zu schlafen. Und ganz nebenbei – bei den meisten Spezies, außer dem Menschen, schlafen die Jungen bei der Mutter. Und doch haben »Experten« erklärt, daß es nur eine befriedigende Art und Weise gibt, für das Kind richtig zu sorgen; und damit haben sie denen ein enorm schlechtes Gewissen bereitet, die es anders machen wollen.

Bevor ich das Konzept, die Kinder ins eigene Bett mitzunehmen, näher erläutere, muß ich noch einen Punkt ganz deutlich herausstreichen. Ich empfehle nicht, daß Sie diese Möglichkeit ausprobieren *sollen,* wenn Ihr Kind nicht schläft. Was ich sagen will, ist, daß Sie tun sollen, was *Sie* für richtig halten, nicht was ich für das beste halte, oder jeder andere Ratgeber. Ich will nur einige Vorteile und Nachteile dieses Konzepts aufzeigen und es dann Ihnen überlassen, sich zu entscheiden. Es lohnt sich aber festzustellen, daß zweifelsohne für viele Eltern die »Besucherritze« die Lösung der Schlafprobleme ihrer Kinder darstellte. Briefe, die über einen Erfolg berichteten, waren in der Mehrzahl von Eltern geschrieben, die das »Mit-ins-Bett-Nehmen« ausprobiert hatten.

Wenn es im 15. Jahrhundert schon Ratgeber für Kinderpflege gegeben hätte, hätten diese wahrscheinlich empfohlen, daß das Kind mindestens bis zu seinem zweiten Geburtstag bei seiner Mutter schlafen solle. Das war der Normalfall – und nach Tine Thevenin, die in ihrem exzellenten Buch *Über das Familienbett* ausführlich dieses Thema behandelt, war im England des 16. Jahrhunderts das sogenannte Trinitybett üblich. Es bestand aus einem großen Bett, in dem die engen Familienangehörigen schliefen, und zwei kleineren Rollbetten, die unter dem großen Bett untergebracht waren und zur Schlafenszeit herausgerollt wurden. Diese Betten waren für das Dienstpersonal und weiter entfernte Verwandte gedacht. Man kann nur hoffen, daß der Luftaustausch bei einer so großen Masse von schlafenden Körpern einigermaßen funktioniert hat, vor allem wenn man bedenkt, daß zu dieser Zeit ja auch viel seltener gebadet wurde.

Die Zeiten ändern sich, und so erklärten im 18. Jahrhundert viele Geistliche das Schlafen von mehreren Personen in einem Bett als unschicklich und sogar Kindern wurde untersagt, sich voreinander nackt zu zeigen. Es ist höchst interessant, daß es selbst heute noch viele Ausdrücke für sexuelle Aktivitäten gibt, die den Sex gar nicht erwähnen, sondern nur die »Schlafanordnung«. Wenn man zum Beispiel sagt, jemand »geht ins Bett mit einem anderen« oder »schläft mit jemandem« heißt das ja normalerweise, daß an Schlaf zuletzt gedacht wird.

Im 19. Jahrhundert gab es dann bezüglich der Einstellung zum Thema »Schlafen in einem Bett« einen großen Wandel. Die reichen Schichten hatten Kindermädchen, die sich während des Tages um die Kinder kümmerten, und am Abend kamen sie dann in ihre eigenen Kinderstuben. Die Vorstellung, daß ein zu intensiver Kontakt zum Kind es schwach und verzärtelt machen würde, hielt sich ziemlich lange Zeit und geistert in den Köpfen der Leute auch heute noch herum. In der 1976er Ausgabe des Buches *Säuglings- und Kinderpflege* schreibt Dr. Benjamin Spock, daß er es für eine sinnvolle Regel hält, das Kind nie in das Bett der Eltern zu lassen.

Seit dem 19. Jahrhundert galt in den westlichen Ländern das Ideal, für jedes Mitglied der Familie getrennte Zimmer zu haben. Wenn es funktioniert, ist es ein bewundernswertes System. Während jedoch die westliche Welt Eltern und Kinder über Nacht getrennt hat, haben viele Gesellschaften – vor allem im Osten – die alte Idee aufrechterhalten, die wir über Bord geworfen haben. Doch heute kehren mehr und mehr Menschen im Westen zur alten Sitte zurück und nehmen ihre Babys mit ins eigene Bett; der Kreis schließt sich wieder. Andere Kulturkreise haben diese Kehrtwendung vermieden, indem sie bei ihren jahrhundertealten Traditionen geblieben sind. Margaret Mead, die international renommierte Anthropologin, hält dies für ein Zeichen, unser Fortschrittskonzept in Frage zu stellen: ›Die Tatsache, daß das gemeinsame Schlafen von Familienangehörigen in vielen Gruppen üblich ist und sogar bei uns vorkommt, obwohl der Sozialkodex diese Praxis tabuisiert, ist sehr aufschlußreich und läßt auf eine feste menschliche Eigenschaft schließen, die man weiterhin wissenschaftlich untersuchen sollte.‹

Es gibt praktische Gründe, die dagegen sprechen, daß Eltern und Kinder sich das Bett teilen; es gibt aber auch Befürchtungen, die grundlos sind, wie z. B. die Angst, das Kind zu erdrücken. Der Gedanke, sich beim Herumdrehen auf das Baby zu legen und es zu ersticken, hat Eltern schon jahrhundertelang gequält. Er ist sogar im alten Testament erwähnt (1. Könige 3, Vers 19) und in einem Ratgeber für Kinderpflege stand noch 1977 zu lesen: ›Kleine Babys sollten niemals im Bett ihrer Eltern schlafen, da wirklich Gefahr besteht, daß man sich beim Herumdrehen auf das Kind legt und es erstickt.‹

Ich bin der festen Meinung, daß dies Unsinn ist. Was in der Vergangenheit auch immer passiert sein mag, wenn das Baby tragischerweise in seinem Bettchen starb oder sich der sogenannte »plötzliche Kindstod« ereignete, es wurde dafür das Ersticken im Bett verantwortlich gemacht. Was im Durchschnitt bei zwei oder drei von tausend Babys im Alter zwischen zwei und sechs Monaten vorkommt, ist, daß ein völlig gesundes Baby am Morgen tot in seinem Bettchen liegt. Wenn es im Bett der Eltern war, nimmt man natürlich an, daß es von einem der Eltern erdrückt worden ist. Es gibt jedoch keine Unterschiede im Auftreten des »plötzlichen Kindstodes« zwischen den Kulturkreisen und Familien, die ihre Kinder mit ins Bett nehmen und denen, die getrennt schlafen. Filme, in denen der Schlaf von Eltern und Kind gemeinsam in einem Bett aufgenommen wurde, zeigen deutlich, daß ein Kind seine Position automatisch verändert, wenn eines der Eltern sich zu ihm umdreht. Dies trifft schon auf das ganz kleine Baby zu. Genauso dreht sich der Erwachsene automatisch weg, wenn das Kind näherrückt. Es besteht nur dann ein Risiko, wenn Vater oder Mutter auf Grund von überhöhtem Alkoholgenuß oder der Einnahme von Schlaftabletten zu tief schlafen.

Eine andere übliche Sorge ist die, daß das Kind oder Baby aus dem Bett fallen könnte. Es wurde jedoch beobachtet, daß die

Erwachsenen anscheinend instinktiv den Arm um das Kind legen, so daß dies nur selten ein Problem darstellt. Wenn es Ihnen aber Sorgen macht, können Sie ja immer das Bett so aufstellen, daß eine Seite von der Wand oder einem Möbel begrenzt ist.

Es gibt allerdings ein möglicherweise ernstes Risiko, das – zumindestens theoretisch – auftauchen kann, wenn die Kinder bei den Eltern schlafen; das läßt sich jedoch leicht vermeiden. Das Bett des Kindes ist oft kälter als das der Eltern. Deshalb werden die Kinder auch meist ziemlich warm zur Nacht angezogen. Wenn Sie aber mitten in der Nacht das Kind mit in Ihr Bett nehmen, achten Sie bitte darauf, daß Sie ihm die extra warmen Sachen ausziehen. Wenn es mit Ihnen in einem Bett ist, braucht es nicht mehr als nur einen einfachen Pyjama oder ein Nachthemd.

Der Grund für diesen scheinbar unbedeutenden Rat ist die Zunahme von plötzlichen Todesfällen bei Babys als Folge von raschem Temperaturanstieg. Ein warm eingepacktes Kind in einem Bett mit zwei Erwachsenen kann sehr schnell eine hohe Temperatur bekommen. Bitte lassen Sie das nicht geschehen.

Obwohl eine große Anzahl von Eltern berichtet, daß die »Besucherritze« die Lösung der Schlafprobleme ihres Kindes bedeutete – es wurde tatsächlich von den Briefen, die ich bekam, am häufigsten als Lösung des Problems genannt – ergaben sich daraus jedoch auch wieder neue Probleme. Das meistgenannte hatte mit dem Sexualleben zu tun. Wie es ein Schreiber ausdrückte: ›Überlegen Sie es sich zweimal, bevor Sie das Baby mit in Ihr Bett nehmen. Es ist sehr schwierig, ein befriedigendes Sexualleben zu genießen, ohne das Kind aufzuwecken. Wir fanden eine Lösung, indem wir eine normal große Matratze zwischen unser Bett und die Wand klemmten. Er schlief dort wunderbar und wir haben ihn noch nicht einmal aufgeweckt!‹ Obwohl dies ja strenggenommen keine »Besucherritze« mehr darstellt, hat dieser Kompromiß für sie gut funktioniert.

Viele Paare haben herausgefunden, daß ihr Kind nicht vor zwei bis drei Uhr morgens aufwacht. Bis dahin war jegliche sexuelle Aktivität vorbei, und wenn dann das Kind ins Bett gekrochen kam, stellte das kein Problem mehr dar. Wenn jedoch das Kind zur Schlafenszeit der Eltern wach wird, bleibt als einzige

Lösungsmöglichkeit, entweder die Zeit oder den Ort Ihres Sexuallebens zu ändern. Es gibt kein Gesetz, in dem steht, daß sexuelle Aktivitäten im Bett zur Schlafenszeit ausgeübt werden müssen. Trotzdem schrieb uns ein frustriertes Paar, daß sie wußten, ihr Dreijähriger würde jedesmal in ihr Zimmer platzen, wenn es bei ihnen anfing, amourös zu werden: ›Kinder sind ein hervorragendes Verhütungsmittel. So versuchten wir es einmal auf dem Teppich des Wohnzimmers bei flackerndem Kaminfeuer, als er hereinkam. »Wann kommt ihr denn ins Bett?« fragte er. Wir hätten schreien können.‹

Man muß, glaube ich, nicht noch einmal eigens betonen, daß, wenn Ihr Sexualleben darunter leidet, ober Sie dieses Eindringen in Ihre Intimsphäre nicht ertragen können, die »Besucherritze« nicht das richtige für Sie ist. Und auch wenn Sie nicht schlafen können, weil das Kind dauernd mit den Füßen strampelt, schnarcht oder immer querliegt, ist es nicht sinnvoll, diese Idee weiterzuverfolgen.

Eine andere, sehr vernünftige Alternative dazu, das Kind in Ihr Bett zu holen, ist ein Extrabett in Ihrem Schlafzimmer. Dies vermeidet das Problem, das sie mit einem »Querschläfer« haben, und viele Eltern sind mit dieser Lösung sehr zufrieden. Eine Familie, die ich kenne, rückte das Bett des Kindes immer ein Stückchen weiter von ihrem Bett weg, was das Kind ohne Beschwerden akzeptierte. Schließlich wurde das Bett noch aus dem Zimmer gerückt und das Kind war zufrieden, weil es dies als weiteren Schritt zu seiner Unabhängigkeit ansah. Wenn Sie es nicht ertragen, daß Ihr Kind in Ihrem Bett schläft, das Kind aber nur gut schläft, wenn es in der Nähe ist, dann könnte dies eine Möglichkeit darstellen.

Die oben erwähnten Einwände stellen vernünftige Gründe dar, auf die Praxis der »Besucherritze« zu verzichten. Es gibt jedoch keinen Beweis dafür, daß sie dem Kind psychischen Schaden zufügt. Gelegentlich wird behauptet, daß nur Paare mit Ehe- und Sexualproblemen ihr Bett mit ihrem Kind teilen. Ein Autor eines Artikels in der Zeitschrift der amerikanischen Medical Association aus dem Jahr 1980 ging sogar so weit, zu fordern, daß, da die meisten Kinder in unserer Gesellschaft nicht mit ihren Eltern zusammenschlafen, ›die Ärzte die wirklich zugrundeliegenden

Motive der Eltern erforschen sollten, welchen Bedürfnissen diese Anordnung diene‹.

Zum Glück schrieb ein paar Wochen später in derselben Zeitschrift ein Kinderarzt einen Artikel, der dieser Auffassung deutlich widersprach. Eine amerikanische Studie aus dem Jahr 1974 behauptet, daß, wenn Eltern ihr Kind mit ins eigene Bett nehmen, dies ein Anzeichen für eine gestörte Beziehung darstellt. Diese vielzitierte Studie behauptet außerdem, daß die Mutter oft die Anwesenheit des Kindes als Schutzschild gegen die sexuellen Ansprüche ihres Mannes benützt. Eine Studie aus dem Jahr 1982 aus Schweden widerspricht dieser Auffassung. Es zeigte sich kein Anwachsen der Scheidungsrate bei Familien, in denen die Eltern das Bett mit ihren vier- bis achtjährigen Kindern teilten. Sie kamen zu dem Schluß: ›Die Gewohnheit ist viel zu weit verbreitet, als daß sie als Zeichen für einen Trennungsprozeß der Eltern gewertet werden kann.‹

Viele Eltern sind besorgt, daß, wenn ihr Kind einmal bei ihnen geschlafen hat, es nie wieder alleine schlafen will. Dies muß aber kein Problem sein. Wenn man dem Kind die Idee, wieder in seinem eigenen Bett zu schlafen, als Teil des »Größerwerdens« verkaufen kann, ist es oft ganz begierig, das Familienbett wieder zu verlassen. Einige Eltern erzählten mir, daß, als es an der Zeit war, das Kinderschlafzimer neu zu gestalten, sie darauf warteten, vom Kind selbst den Wunsch zu vernehmen, im neuen Zimmer schlafen zu dürfen. Eines dieser Elternpaare schrieb mir folgendes: ›Es funktionierte besser, als wir uns zu träumen erhofften. Wir dachten, daß er für immer bei uns schlafen würde, doch auf einmal bettelte er, in seinem Zimmer schlafen zu dürfen. Er war so stolz darauf. Er fühlte sich so erwachsen.‹

Es kann natürlich vorkommen, daß das Kind sich weigert, wenn es wieder in sein Zimmer zurück muß, bevor es selbst will oder bevor es genügend darauf vorbereitet ist. Die ideale Zeit dafür ist wahrscheinlich um das dritte oder vierte Lebensjahr herum; doch ein Kind, das zu einer sehr frühen Zeit mit ins Bett der Eltern genommen wurde, ist viel eher dazu bereit, wieder ins eigene Bett zu gehen, als ein Kind, das erst später zu seinen Eltern ins Bett krabbelte. Und sogar ein Kind, das gern wieder in sein Bett zurückgekehrt ist, mag gelegentlich wieder den Wunsch äußern, ins Bett der Eltern kommen zu dürfen. Ab dem Zeitpunkt, zu dem ich eine Allgemeinpraxis eröffnete, wurde mir bewußt, wie viele Kinder, wenn sie krank sind, im Bett der Eltern gepflegt werden, und nicht in ihrem eigenen. Eltern und Kinder schätzen die Bequemlichkeit und das Gefühl der Sicherheit, das von dieser Anordnung ausgeht, gleichermaßen.

Diese verständliche Sorge, daß die Kinder nie wieder aus dem Bett der Eltern herauswollen, ist eine weitverbreitete Meinung unter den Eltern. Großeltern, Freunde und Ärzte schütteln häufig den Kopf und meinen, wer die Kinder mit in sein Bett nähme, wäre auf Schwierigkeiten geradezu erpicht. Tatsache aber ist, daß sehr wenige Kinder ewig im Bett ihrer Eltern bleiben wollen. Es ist alles eine Sache der richtigen Überredungskunst. Erklären Sie Ihrem Kind, daß, wenn man in seinem eigenen Bett schläft, dies ein Zeichen des Größerwerdens ist, so wie man sich die Zähne putzt oder lernt, Schnürsenkel selbst zu binden, und es wird diese Idee begierig aufgreifen. Wenn Sie dem Kind jedoch ganz plötzlich und unverständlicherweise erklären, daß es jetzt in einem kalten und wenig einladenden Zimmer schlafen müsse, das es darüber hinaus noch gar nicht als sein eigenes begreift, müssen Sie mit Widerstand rechnen. Sie würden doch genauso reagieren, oder nicht?

Ich habe diesem Thema absichtlich so viel Platz eingeräumt. Die »Besucherritze« ist nicht immer die Antwort auf die Schlafprobleme der Kinder, sie hat jedoch schon einer großen Anzahl von Eltern geholfen, jene kalten und schrecklichen Nächte zu vermeiden, in denen man im Zimmer des Kindes sitzt und wartet, bis es einschläft – eine Erfahrung, die das Kinderhaben so zur Last macht. Wenn es mit der »Besucherritze« funktioniert, klappt es meist sehr gut. Wenn es Ihnen liegt, dann tun Sie es und haben Sie kein schlechtes Gewissen dabei. Aber wenn es Ihnen nicht liegt, brauchen Sie auch kein schlechtes Gefühl zu haben. Wir sind eben alle verschieden.

Verhaltenstherapie

Einige gute Ergebnisse in der Behandlung von Schlafproblemen wurden durch die Verhaltenstherapie erzielt. Dieser Ansatz wird von vielen Ärzten, Psychologen, Gesundheitsberatern und Selbsthilfegruppen aufgegriffen. Verhaltenstherapie ist eine Art von Behandlung, bei der der Patient darauf trainiert wird, unerwünschte Gewohnheiten durch erwünschtere zu ersetzen. Der Hauptunterschied zwischen diesem Ansatz und vielen anderen Formen von Psychotherapie ist, daß die Verhaltenstherapeuten nicht besonders daran interessiert sind, die Ursachen des Problems zu analysieren. Sie machen sich einfach daran und versuchen damit umzugehen. Ein Patient mit einer Phobie verbringt deshalb nicht eine halbe Ewigkeit damit zu verstehen, warum er diese spezielle Phobie hat, sondern lernt statt dessen, sie zu bekämpfen.

Phobien, irrationale Ängste, sind ein Gebiet, in der die Verhaltenstherapie große Erfolge errungen hat, und eine kurze Beschreibung dieses Ansatzes demonstriert das Wesen der Verhaltenstherapie recht gut. Dem Patienten, der zum Beispiel eine Phobie vor Spinnen hat, wird schrittweise beigebracht, Spinnen, die immer näher und näher an ihn herangebracht werden, zu akzeptieren. Anfänglich ist er vor Entsetzen wie versteinert bei dem Gedanken, daß im Zimmer nebenan eine Spinne ist. Indem er einfache Entspannungstechniken lernt, versucht, alles leichter zu nehmen, kann er nach und nach sogar dic Anwesenheit einer Spinne im selben Raum ertragen – jedoch noch in großer Entfernung. Die Spinne wird näher und näher gebracht – dies auf verschiedene Sitzungen verteilt – und der Patient lernt weiterhin, durch Entspannungstechniken dies zu akzeptieren. Schließlich wird er soweit sein, mehrere Spinnen, die auf seiner Hand krabbeln, zu tolerieren – etwas, was ihn ein paar Wochen zuvor noch zu Tode erschreckt hätte.

Man kann aus diesem Beispiel ersehen, daß das wichtigste an dieser Methode ist, eine graduelle Veränderung im Verhalten, das das Problem verursacht, zu bewirken; und dies läßt sich auch auf viele Schlafprobleme anwenden. Zwei Annahmen sind für diesen Ansatz unerläßlich. Die erste besagt, daß – da das Problem sich bereits voll entwickelt hat – die Ursache weitgehendst irrelevant ist. Was wirklich zählt, ist das Problem selbst, und nicht ob es von den Eltern oder durch etwas anderes verursacht worden ist. Eltern sind zwar für gewöhnlich beruhigt, wenn sie erfahren, daß Schlafprobleme oft nicht auf ihre Schuld zurückzuführen sind, doch praktische Konsequenzen hat dies für die Therapie nicht.

Die zweite Annahme ist – wie auch zuvor beschrieben – daß alle Babys und Kinder jede Nacht die verschiedensten Schlafphasen durchlaufen und häufig aufwachen. Diejenigen, die sich umdrehen und weiterschlafen, machen ihren Eltern keinen Ärger. Diejenigen, die rufen oder aufstehen, machen Probleme. Die Behandlung kann deshalb nicht darauf abzielen, das Aufwachen zu verhindern, sondern die Kinder dazu zu bringen, entweder wieder einzuschlafen oder zumindest die Eltern nicht aufzuwecken.

Auf der einfachsten Ebene bedeutet Verhaltenstherapie den Einsatz des gesunden Menschenverstands, und viele Eltern wenden diese Techniken an, ohne es zu realisieren. Der erste Schritt lautet genau zu definieren, was das Problem ist und was Sie für eine befriedigende Lösung halten würden. Daraufhin versuchen Sie schrittweise vom einen Verhalten zum anderen zu wechseln.

Nehmen Sie als Beispiel ein Kind, das vor 11 Uhr nachts nicht einschlafen will und darauf besteht, daß sein Vater oder seine Mutter bei ihm ist. Der Idealfall wäre für seine Eltern, wenn es ab halb acht alleine in seinem Zimmer bliebe. Der erste Schritt ist, ein zufriedenstellendes und entspanntes Zu-Bett-Geh-Ritual zu entwickeln. Entspannung ist bei jeder Verhaltenstherapie mit am wichtigsten. Anfänglich wird das Kind zu einer späten Stunde zu Bett gebracht, um ein Maximum an Müdigkeit zu garantieren, und daraufhin wird die Schlafenszeit Schritt für Schritt – fast unmerklich – nach vorne verschoben.

Manchmal ist die Methode – wie in diesem Fall – sehr einfach, doch bei anderen Gelegenheiten ist die Situation äußerst verfahren und scheinbar nicht zu lösen. In diesen Fällen ist die Hilfe von Psychologen und Ärzten erforderlich, die auf dem Gebiet der

Verhaltenstherapie Erfahrung haben; wenn Ihr Arzt mit diesen Techniken nicht vertraut sein sollte, wird er Sie sicher an einen Spezialisten verweisen können.
Eine dieser Techniken ist als *Verstärkung* (reinforcement) bekannt. Sie zielt darauf ab, das erwünschte Verhalten durch Lob oder andere kleine Belohnungen zu fördern. Die Sterntabelle (siehe S. 107f.) ist dafür ein Beispiel. Bei der *Löschung* (extinction) wird der Versuch gemacht, die Dinge auszuschalten, die von seiten der Eltern dazu beitragen, daß das Kind schlecht schläft. *Verhaltensausformung* (shaping) bedeutet die schrittweise Veränderung des Verhaltens des Kindes von einem unakzeptierbaren zu einem akzeptierbaren hin. Das graduelle Verschieben der Schlafenszeit nach vorne ist dafür ein gutes Beispiel, oder auch das schrittweise Wegrücken der Eltern beim Einschlafen des Kindes. Das *Signallernen* (cueing) liefert dem Kind Signale, an denen es erkennen kann, daß die Schlafenszeit gekommen ist, wie zum Beispiel das Zu-Bett-Geh-Ritual. Schließlich bedeutet das *Ausblenden* (fading) das allmähliche Verschwinden aller künstlichen Hilfsmittel, wie zum Beispiel der Sterntabelle, so daß das Kind lernt, aus eigener Entscheidung zu schlafen.
Manche Verhaltenstherapeuten behandeln Phobien, wie zum Beispiel die Spinnenphobie, weitaus drastischer. Statt des allmählichen Abbaus der Angst bringen sie den Patienten in die schlimmstmögliche Situation, zum Beispiel einem abgesperrten Zimmer voller Spinnen, und lassen ihn damit so schnell wie möglich seine Angst überwinden. Wenn der Patient merkt, daß die Spinnen ihn nicht töten können, wird seine Angst geringer. Das Äquivalent für diese Methode bei der Bekämpfung der Schlafprobleme wäre, das Kind so lange schreien zu lassen, bis es einschläft. Doch, wie wir ja bereits gesehen haben, ist diese spezielle Technik aus den verschiedensten Gründen häufig ein Mißerfolg.
Bevor wir uns den verhaltenstherapeutischen Techniken zuwenden, die Sie selbst auf Ihr spezielles Problem anwenden können, ist noch eine Sache zu klären. Es wurde angeführt, daß die Tatsache, daß verhaltenstherapeutische Maßnahmen das Problem lösen helfen, ja ein Beweis dafür sind, daß durch das Dazutun der Eltern die Schlafprobleme bestehen bleiben. Das

bedeutet jedoch nicht, daß die Eltern das Problem verursacht haben, es bedeutet nur, daß sie *jetzt* irgend etwas tun, daß es betehen bleibt.

Eine sehr nützliche Möglichkeit, wie Sie die eigenen Fehler herausfinden können, ist, ein Schlaftagebuch zu führen. Nach Monaten schlafloser Nächte sind Sie vielleicht gar nicht mehr in der Lage, genau zu erkennen, was das Problem ist, und wodurch es sich verschlimmert. Verhaltenstherapeutische Techniken, wie z. B. dieses Tagebuch, können bei Babys wie auch bei kleinen Kindern helfen. Sie vermögen zumindest dazu beizutragen, daß die Eltern ihr Problem besser strukturieren können, was auch Untersuchungen zu diesem Thema, vor allem am Great Ormond Street Hospital in London, gezeigt haben.

Ein paar Wochen lang sollten Sie das Schlafverhalten Ihres Kindes genau aufschreiben. Jeden Tag sollte folgendes festgehalten werden:

1. Die Uhrzeit, zu der Ihr Kind zu Bett ging.
2. Die Zeit, zu der es schließlich einschlief.
3. Abendliches Aufwachen (z. B. bevor Sie selbst zu Bett gingen)
   a) Zeit oder Zeiten des Aufwachens
   b) Die Gründe (wenn sie offensichtlich sind, wie z. B. Durst)
   c) Was taten Sie, als es aufwachte?
   d) Die Zeit, zu der es wieder einschlief.
4. Nächtliches Aufwachen
   a) Zeit oder Zeiten des Aufwachens
   b) Mögliche Gründe
   c) Was taten Sie, als es aufwachte?
   d) Die Zeit, zu der es wieder einschlief.
5. Zeit des Aufwachens in der Frühe.
6. Seine Stimmung beim Aufwachen.
   Sie können dies mit Zahlen festhalten. Nehmen Sie eine Skala von 1 (so übelgelaunt, wie man sich es nur vorstellen kann) und 10 (die wonnigste Laune, die Sie sich vorstellen können).
7. Uhrzeit des Nachmittagsschlafs.

Dazu könnten Sie eine große Tabelle malen, auf der Sie die Wochentage auf der Waagrechten und die jeweiligen Punkte auf der Senkrechten verzeichnen. Sie können dies aber auch in ein kleines Notizbüchlein schreiben.

	So	Mo	Di	Mi	Do	Fr	Sa
Zu-Bett-Geh-Zeit							
Einschlafzeit							
Abendliches Aufwachen							
a) Zeit b) Grund c) Was getan d) Wann wieder eingeschlafen							
Nächtliches Aufwachen a) Zeit b) Grund c) Was getan d) Wann wieder eingeschlafen							
Morgendliche Aufwachzeit							
Stimmung (beim Aufwachen)							
Schlaf während des Tages							

Das erste und oft äußerst wertvolle Ergebnis dieser Aufzeichnungen ist, daß Sie – vielleicht zum ersten Mal – erkennen können, was eigentlich los ist. Vielleicht entdecken Sie ein offensichtliches Muster, nach dem sich das Aufwachen abspielt. Sie bemerken vielleicht, daß Ihr Kind deshalb spätnachmittags schläft, weil Sie es vor den Fernsehapparat setzen, um sich damit eine Verschnaufpause für die Vorbereitung des Abendessens zu verschaffen, was wiederum eine gestörte Abendruhe nach sich zieht. Ein Tagebuch zeigt vielleicht, daß sich an den Tagen, an denen es nachmittags nicht schlief, sein nächtlicher Schlafrhythmus verbesserte.

Das Tagebuch ist auch für den ärztlichen Ratgeber von großem Wert. Anstatt nur zu hören, daß »jede Nacht einfach schrecklich ist«, kann er dem Tagebuch entnehmen, was die Eltern zu bestimmten Zeiten an ihrem Verhalten verändern könnten, um die Situation zu verbessern. Ein Tagebuch einer Mutter zeigte zum Beispiel, daß ihr Sohn Philip ein halbes Dutzend mal in der Nacht aufwachte und sie ihm sofort Milch brachte. Dann kuschelte sie sich an ihn, bis er wieder eingeschlafen war. So belohnte sie ihn für das Aufwachen, meinte aber selbst, daß das Kuscheln und die Milch die einzige Möglichkeit wäre, ihn wieder zum Schlafen zu bringen.

Ihr Arzt riet ihr zu einer strikten verhaltenstherapeutischen Methode. Sie wurde darauf aufmerksam gemacht, daß ihre Reaktionen für Philip viel zu lohnenswert waren, als daß er einfach wieder einschlief, nachdem er aufgewacht war. Eine andere ratgebende Person hatte ihr früher schon einmal vorgeschlagen, ihn schreien zu lassen, doch dies blieb ohne Erfolg und war für sie außerdem eine große Belastung. Was wirklich half, war, einen Schritt nach dem anderen zu tun. Zuerst brachte sie statt Milch Wasser. Philip beschwerte sich zwar anfänglich, doch er akzeptierte es bald. Als nächstes kuschelte sie ihn nicht mehr, sondern hielt nur seine Hand. Der nächste Schritt war, sich zu ihm zu setzen, ohne seine Hand zu halten; dann setzte sie sich an die Türe, dann in den Flur und schließlich wartete sie vor seiner Tür. Zum Schluß rief er beim Aufwachen nicht mehr nach ihr sondern dreht sich einfach um und schlief weiter.

Andere Schlafprobleme lassen sich in ähnlicher Weise beheben. Manchmal dauert es nicht lange, bis sich das Kind beruhigt. Doch bei anderen Kindern, besonders denen mit einer ausgeprägten Willenskraft, kann es sehr viel länger dauern. Wenn Sie zum Beispiel nicht damit zufrieden sind, daß Ihr Kind in Ihrem Bett schläft, aber die Gewohnheit irgendwie einriß, kann es mehrere Nächte dauern, in denen Sie das Kind vielleicht mehrmals in der

Nacht in sein Bettchen tragen müssen, bevor es akzeptiert, auch dort zu bleiben. Vielleicht warten Sie auch lieber darauf, daß es von allein dort hingehen will. Es kommt immer darauf an, wie schlimm das Problem für Sie selbst ist.
Wenn man diese verhaltenstherapeutischen Maßnahmen anwendet, ist es sehr wichtig, darauf zu achten, ruhig, entspannt und freundlich zu bleiben. Dies kann äußerst schwierig sein, wenn Ihr Kind 15 bis 20mal am Abend sein Zimmer verläßt und zu Ihnen ins Wohnzimmer kommt. Jeder Vater oder jede Mutter wird innerlich gereizt sein, doch wenn Sie das Kind freundlich aber bestimmt wieder auf sein Zimmer bringen, ist es viel wahrscheinlicher, daß Sie mit Ihrer Methode Erfolg haben, als wenn Sie Ihre Gereiztheit offen zeigen.
Ich habe viel von der Belohnung gesprochen, die Kinder auf Grund ihrer Schlafprobleme bekommen können – den Spaß, mitten im abendlichen Familienkreis sein zu dürfen, die Wohltat, gekuschelt zu werden oder die Wärme des elterlichen Bettes zu spüren. Es gibt jedoch eine andere Belohnung, die sie bekommen können, wenn sie die Nacht durchschlafen – die Belohnung, am nächsten Tag glückliche und zufriedene Eltern zu haben!
Gelegentlich – besonders bei älteren Kindern – kann ein System wie das der Sternentabelle als belohnende, positive Verstärkung für verbessertes Schlafverhalten eingesetzt werden. Das Prinzip dieser Tabellen habe ich im Abschnitt über das Bettnässen beschrieben; sie besteht aus einer einfachen, tagebuchartigen Tabelle, auf der das Kind eigenhändig verschiedenfarbige Sternchen immer dann aufkleben darf, wenn es ein gesetztes Ziel, wie z. B. die ganze Nacht in seinem Zimmer geblieben zu sein, erreicht hat. Diese Form von positiver Verstärkung ist weitaus wirkungsvoller als der negative Ansatz des »ich schlag dich windelweich, wenn ich noch einen Ton höre«.
Selbst wenn Sie nicht vorhaben, verhaltenstherapeutische Maßnahmen zu ergreifen, würde ich Ihnen trotzdem das Führen eines Schlaftagebuchs zumindestens für eine Woche empfehlen. Es kann immens wertvoll sein, sowohl für ihr eigenes Verständnis des Problems, als auch für jede andere Person, die Sie um Rat fragen.

Teil 4
Wie man am besten zurecht-kommen kann

Wer kann noch helfen?

Trotz meiner Bemühung, jede Facette von Schlaflosigkeit und Schlafstörung bei Kindern zu durchleuchten, werden einige unglückliche Eltern immer noch Probleme damit haben. Was diese Eltern – mehr als alles andere – vor dem »Ausflippen« bewahrt, ist die Unterstützung und das Verständnis anderer Leute. Natürlich ist die wichtigste Person, die ihre Hilfe anbieten sollte, der andere Elternteil. Unglücklicherweise betrachtet in sehr vielen Ehen der eine Partner, meistens der Ehemann, die Situation als hauptsächliches Problem des anderen. Und darüber hinaus fühlen sich viele Mütter schuldig, wenn ihr Mann nachts gestört wird. In dieser merkwürdigen Art, zweierlei Maßstäbe anzulegen, betrachten – auch heute noch – viele Leute die Arbeit des Mannes als »richtigen Beruf« und die Arbeit der Ehefrau als zweitrangige, unterstützende Aufgabe. Daraus entsteht viel Mißstimmung, da nur der eine in der Nacht aufstehen und zum Kind gehen muß.

Ich bin der festen Überzeugung, daß man sich die Aufgaben in der Nacht teilen sollte. Wenn sich der Vater und die Mutter beim Aufstehen abwechseln, verteilen sich zumindest Ärger, Schlaflosigkeit und Kälte etwas gerechter. Eine Mutter, die fast jede Methode ausprobierte, schrieb mir, daß ihr Leben wieder erträglicher geworden sei, als sie und ihr Mann sich die Nachtaufgaben in verschiedene Schichten aufgeteilt hatten. ›Im alternierenden Rhythmus steht immer einer von uns – wenn nötig – zwischen 12 und 6 Uhr und der andere zwischen 6 und 8 Uhr morgens auf. Auf diese Weise hat zumindest jeder von uns jede Nacht sechs

Stunden ungestörten Schlaf.‹ Ihre Arbeitsteilung muß nicht ganz so rigide sein, doch es ist äußerst hilfreich, wenn der eine oder der andere weiß, daß er oder sie beim nächsten Mal an der Reihe ist.

Solche Unterstützung bleibt Alleinerziehenden versagt. Die Nationale Beratungsstelle für Familien mit nur einem Erziehungsberechtigen hat 70 voneinander unabhängige Berichte von Fällen, in denen die Behörden versuchten, ein Kind aus einer solchen Familie zu entfernen. Einigen Fällen war Mißhandlung vorausgegangen, doch die gewöhnliche Ursache war, daß der Alleinerziehende mit den Ansprüchen des Kindes nicht fertig wurde. Die Beratungsstelle glaubt, daß ohne Zweifel ein Hauptanspruch die Bedürfnisse des Kindes in der Nacht sind. Wenn der Erziehende diese nicht erfüllen kann, wird die Situation noch verfahrener, da das Kind nach um so mehr Aufmerksamkeit verlangt.

Ehemänner oder Ehefrauen sind nicht die einzigen Menschen, die aushelfen können. Freude oder Verwandte helfen häufig, obwohl diese Hilfe oft nicht praktisch ist. Was Eltern besonders dringend brauchen ist Verständnis. Wenn andere Leute ihren Problemen mit Mitgefühl zuhören und darüber hinaus auch ihren Horrorgeschichten in der Nacht Glauben schenken, dann fühlen sich die Eltern viel mehr verstanden und weniger allein. Viele Leute bekommen von ihren eigenen Eltern Unterstützung, und es ist gewöhnlich am hilfreichsten, wenn diese sich daran erinnern können, was schlaflose Nächte sind. Andere Großeltern sind da weniger hilfreich und wiederholen dauernd Anschuldigungen wie »du bist zu weich« oder »das hast du dir selbst eingebrockt« – Beschuldigungen, die alle Eltern von »schlaflosen« Kindern satt haben.

Es hilft, wenn man Freunde mit denselben Problemen hat. Eine Mutter schrieb: ›Ich hielt nur Freundschaften mit Müttern aufrecht, die dieselben Probleme hatten. Ich wollte von braven Babys nichts wissen!‹ Andere gaben zu, daß die wiederholten schlaflosen Nächte sie zu faden Gesprächspartnern gemacht hatten. Die einzigen, die ihre Geschichten ertrugen, waren andere Leidtragende.

Wenn man sein Problem mit jemanden teilt, kann dies zu mehr

als nur Sympathie führen, obschon diese auch wichtig ist. Andere Eltern können vielleicht Ratschläge oder Tips zum »Überleben« erteilen. An vielen Orten gibt es bereits Selbsthilfegruppen. Einige davon sind speziell auf dieses Thema zugeschnitten, und ich kenne Gruppen, die von Eltern, Gesundheitsberatungsstellen, Kinderschwestern oder Psychologen ins Leben gerufen wurden. Diese treffen sich regelmäßig und diskutieren die Probleme der Teilnehmer.

Manche Gruppen, besonders die, die von Psychologen und anderen Fachkräften geleitet werden, vermitteln verhaltenstherapeutische Maßnahmen, um die Schlafgewohnheiten der leidtragenden Familien verbessern zu helfen. Andere Gruppen bieten eher Unterstützung als wirkliche Ratschläge. Die Eltern hören sich gegenseitig ihre Klagen an und tauschen ihre Probleme und Informationen, die sie woanders aufgeschnappt haben, gegenseitig aus. Eine Mutter hat vielleicht im Radio etwas über Nahrungsmittelzusätze gehört, die Schlafprobleme verursachen, und eine andere hat von einer örtlichen Krankenhausabteilung gehört, die an diesem Problem besonders interessiert ist. Die Informationen finden hier besonders schnell gegenseitige Abnehmer. Die einzige Gefahr dabei ist, daß gelegentlich unbewiesene Hypothesen als »Fakten« von Mutter zu Mutter vermittelt werden.

Hauptvorteil solcher Gruppen ist vielleicht, daß sie das Gefühl der Einsamkeit und der Unfähigkeit, das so viele Eltern haben, abschwächen helfen. Eine Mutter erzählte mir, daß sie sich, seit sie in der Gruppe ist, viel besser fühlt, obwohl sie nicht besser schlafen kann. Sie hat nun das Gefühl, daß sie eine normale und fähige Mutter sei und kein nutzloser Versager. Ich hoffe, daß dieses Buch für andere Eltern den gleichen Effekt hat.

Eine Reihe von Selbsthilfegruppen wird von professionellen Ratgebern, wie zum Beispiel Ärzten oder Kinderschwestern, unterstützt, und es gibt eine große Anzahl von medizinischen oder halbmedizinischen Beratungsstellen, an die sich hilfesuchende Eltern wenden können. Eine solche Hilfe ist u. U. von großem Wert. Die meisten Eltern wollen, daß man ihnen zuhört und glaubt, auch wenn sie keinen praktischen Nutzen daraus ziehen können. Eine Mutter schrieb: ›Unser Hausarzt ist wunderbar. Er läßt mich immer über meine Probleme reden und ich hoffe

ständig, daß er mir etwas Positives rät. Darauf kann ich aber eigentlich kaum hoffen, weil ich weiß, daß er immer noch Probleme mit seinem fünfjährigen Kind hat. Wenn es eine Lösung gäbe, hätte er sie schon längst gefunden.‹
Viele Eltern bitten ihren Arzt nur sehr ungern um Rat. Nach einem ausführlichen, siebenseitigen Brief, in dem eine Mutter ihre Probleme mit ihrem ziemlich schlimmen Vierjährigen schilderte, stand noch folgendes zu lesen: ›Die ganze Zeit, in der wir diese Hölle durchmachten, dachte ich kein einziges Mal daran, den Arzt aufzusuchen, obwohl er ein äußerst sympathischer Mann ist. Ich wollte ihn nicht mit solchen einfachen Beschwerden belästigen. Die meisten Babys haben doch irgendwelche Schlafprobleme.‹
Es gibt aber leider viele Ärzte und Kinderschwestern, die alles andere als mitfühlend sind. Ein Vater faßte dies folgendermaßen zusammen: ›Professionelle Hilfe? Gleich null. Die Ärzte lachen und sagen, daß es irgendwann einmal vorübergeht. Die Frau im Gesundheitsamt war äußerst uneinfühlsam und sagte, daß sie uns nicht glauben würde, wie wenig unser Sohn Peter schliefe. Sie sagte, meine Frau und ich würden uns das wahrscheinlich einbilden oder wollten uns wichtig machen.‹
In einer Erhebung aus dem Jahr 1980 wurden Eltern über die professionelle Hilfe, die sie wegen ihrer schlaflosen Kinder in Anspruch genommen hatten, befragt. 45% empfanden die Konsultation – entweder beim Arzt oder bei der Gesundheitsberatungsstelle – als wenig hilfreich. Solch eine hohe Zahl gibt zu denken. Vielleicht kann sie durch den Kommentar in einer wichtigen wissenschaftlichen Zeitschrift über Schlafprobleme erklärt werden, der beklagt, daß vieles, was bereits erforscht ist, ›noch nicht sehr wirkungsvoll an den Mann gebracht worden ist‹. Die Autoren dieses Kommentars fahren fort: ›Unsere Ergebnisse zeigen, daß der Rat, der von diesen Quellen kommt (Allgemeinpraxen, Krankenhäuser und Gesundheitsberatungsstellen) nicht immer sehr hilfreich ist und auch nicht immer von großer Erfahrung zeugt.‹ Solche Bemerkungen sprechen für sich.
Eine Mutter bekam Hilfe von ihrem Arzt, allerdings auf sehr unerwartete Art. Sie erzählte, daß sie in seinem Beratungszimmer in Schluchzen ausgebrochen sei. ›Er sagte mir, daß, wenn

ich mit den Kindern nicht fertig werden würde, er es arrangieren könnte, daß die Kinder in Pflege genommen würden. Das war unglaublich. Als ich es am Abend meinem Mann erzählte, rief dieser den Arzt an und sagte ihm, daß wir das schon alleine schaffen würden. Wir haben es auch alleine geschafft, doch ich finde immer noch, daß der Arzt ziemlich brutal war. Trotzdem – seit dieser Zeit haben wir uns bemüht, alleine klar zu kommen und die Situation hat sich merklich verbessert.‹

Was ein Arzt – abgesehen von Mitgefühl, Tips oder der Verschreibung von Medikamenten – an Hilfe leisten kann, ist wirkliche Beratung. Es muß der Versuch gemacht werden, den Eltern zu ermöglichen, die komplexe Situation einer schlaflosen Nacht zu entschlüsseln. Die möglichen Ursachen der Schlaflosigkeit und die Gründe für ihr Fortbestehen müssen erforscht werden. Die Eltern haben vielleicht einige Aspekte des Problems noch nie berücksichtigt und bekommen durch die Beratung die Chance, eine Möglichkeit herauszufinden, wie sie sich selbst helfen können. Techniken der Verhaltenstherapie lassen sich ebenfalls anwenden und ich bin mir sicher, daß diese sich die nächsten Jahre noch mehr durchsetzen werden, da immer mehr Leute von deren Prinzipien und Nutzen erfahren.

Verhaltenstherapeutische Techniken sind auch die Hauptbehandlungsart in jenen Krankenhausabteilungen, die sich auf Schlafprobleme von Kindern spezialisiert haben. Die Entwicklung solcher Krankenhäuser ist ein sehr positiver Trend, da die Erfahrungen, die dort gewonnen werden, viele Psychologen und andere professionelle Berater dazu befähigen, ähnliche Modelle außerhalb von Krankenhäusern ins Leben zu rufen. Je mehr Leute an diesem Problem ein Interesse entwickeln, desto besser wird im Endeffekt die in diesen Krankenhäusern angebotene Beratung sein.

In seltenen Fällen verschreiben Ärzte den Kindern einen Krankenhausaufenthalt, wenn diese Nacht für Nacht aus keinem ersichtlichen Grund schreien, nicht zuletzt deshalb, um den Eltern eine dringend nötige Ruhepause zu verschaffen. Dies trägt vielleicht dazu bei, den Teufelskreis der Schlaflosigkeit für die Eltern zu brechen, doch es sollte nur als letzte Möglichkeit in ganz verzweifelten Fällen angewendet werden.

Die vielleicht außergewöhnlichste Therapie, der ich in meinen Recherchen zu diesem Thema begegnet bin, ist auch mit einem Krankenhausaufenthalt verbunden. Einer Radiosendung des BBC zufolge gibt es in Rußland ein Sanatorium für schlaflose Kinder. Dort erklingt zum Einschlafen sanfte klassische Musik und dazu werden den Kindern Elektroden auf beide Schläfen angebracht, die ganz geringe Stromstöße aussenden. Das System funktioniert anscheinend, doch es ist mir nicht gelungen, weitere Informationen vom Sowjetischen Gesundheitsdienst zu erfahren. Trotzdem finde ich diese Vorstellung sowohl bizarr als auch leicht erschreckend und ich möchte betonen, daß ich Ihnen solche Experimente auf keinen Fall empfehle.

Eine Ewigkeit von dieser elektronischen Vision entfernt ist die jahrhundertealte Praxis der Homöopathie. Eine ganze Reihe von Briefe, die mich erreichten, erzählen von den vergeblichen Versuchen mit allen möglichen Therapien und schließlich dem Erfolg, der mit der Homöopathie erzielt wurde. Für mich ist es schwierig, darüber ein Urteil abzugeben. Zweifelsohne behaupten viele Patienten, daß sie ihnen sehr geholfen hat, und auch viele Ärzte praktizieren sie sehr erfolgreich. Die Tatsache aber, daß Patienten und Ärzte glauben, daß eine Behandlung erfolgreich ist, erbringt noch keinen Beweis dafür, daß sie es tatsächlich ist. In meiner Laufbahn als Arzt habe ich schon viele Medikamente und Behandlungen verschrieben, die zu der jeweiligen Zeit medizinisch voll anerkannt waren und als bestmögliche Therapie galten. Viele davon sind – wie wir heute wissen – nutzlos. Zum Beispiel haben in der jüngsten Vergangenheit Ärzte eine Herzattacke mit den verschiedensten Medikamenten und drei Wochen strenger Bettruhe behandelt. Auch ich war mir sicher, daß ich den Patienten damit helfen würde, und fast alle Ärzte taten das gleiche. Aus der genaueren Analyse heraus und durch die Entwicklung neuer Theorien wissen wir aber heute, daß die Medikamente bei diesem Zustand wahrscheinlich nutzlos waren und die Bettruhe sogar sehr gefährlich. Patienten werden heute vollkommen anders behandelt, als ein paar Jahre zuvor. Es ist daher nicht Genüge damit geleistet, daß Ärzte und Patienten davon überzeugt sind, daß die Behandlung sinnvoll ist. Mehr wissenschaftliche Forschungsarbeit muß geleistet werden.

Unglücklicherweise werden homöopathische Behandlungen selten solch stringenten wissenschaftlichen Tests unterzogen, und wenn doch, sind sie selten besser als »konventionelle« Methoden. Das heißt nicht, daß sie nicht funktionieren, doch ich kann sie von meiner Seite aus nicht uneingeschränkt empfehlen. Das beste was ich sagen kann, ist, daß sie möglicherweise helfen, daß es Patienten und Ärzte gibt, die auf diese Behandlungsart für Schlafprobleme enthusiastisch schwören und sie schlechtestenfalls zumindest harmlos sind. Und dies ist schon mehr als das, was sich über einige konventionelle Behandlungsmethoden sagen läßt.

Das Prinzip der Homöopathie besteht darin, dem Kind eine extrem verdünnte Lösung einer Substanz – z. B. Koffein – zu geben, die in größeren Mengen Schlaflosigkeit verursacht. Der Verdünnungsgrad ist unglaublich. Ein Teil der Substanz wird häufig mit hundert Teilen Wasser verdünnt, und diese verdünnte Lösung wird noch einmal 30 mal auf diese Weise verdünnt. Arithmetisch wäre das Verhältnis dann 1 zu einer Eins mit 60 Nullen!

Ein anderer homöopathischer Ansatz bestimmt beim Patienten den jeweiligen Konstitutionstypus und verschreibt die dazugehörige Medizin. Dies trifft vor allem für chronische Erkrankungen zu. Der Arzt nimmt eine detaillierte Geschichte des Patienten auf und bestimmt daraufhin das Persönlichkeitsprofil und die körperliche Konstitution und sucht dann die richtige Therapie dazu aus. Zum Beispiel wird eine zum Künstlerischen neigende, eher schüchterne Person für ihre Migräne bestimmt ein anderes Medikament bekommen, als eine hartarbeitende Partygängerin. Diese Aufnahme der individuellen Patientengeschichte ist bestimmt eine sehr gute Sache, und es stellt der konventionellen Medizin ein trauriges Zeugnis aus, daß sich Patienten häufig darüber beschweren, nicht auf diese gründliche Weise behandelt zu werden. Vielleicht liegt darin der große Erfolg der homöopathischen Methode begründet.

Der praktizierende homöopathische Arzt wird deshalb bei der Behandlung von Schlafstörungen bei Kindern all die anderen, nichtmedikamentösen Aspekte des Problems, die wir in diesem Buch erörtert haben, mitberücksichtigen. Diese bleiben in jedem Fall von besonderer Wichtigkeit.

Was die Hypnose betrifft, so läßt sich feststellen, daß Kinder unter neun Jahren dafür weniger geeignet sind als Erwachsene oder ältere Kinder. Für sie jedoch sollte auch diese Methode in Erwägung gezogen werden; Ihr Arzt kann Sie auf Anfrage bestimmt an einen erfahrenen Hypnosetherapeuten verweisen.

Nicht verzweifeln!

Dieses Kapitel läßt Ihr Kind außer acht und konzentriert sich voll auf Sie. Wie kann man am besten mit gestörten Nächten fertig werden, und wie wacht man am nächsten Morgen einigermaßen erfrischt wieder auf, um dem neuen Tag gewachsen zu sein?

Philip, der Vater einer »schlaflosen« dreijährigen Tochter, drückte seine Gefühle folgendermaßen aus: ›Ich glaube nicht, daß ich mich wirklich beschweren kann‹, schrieb er. ›Klara, meine Tochter, ist wahrscheinlich nur halb so schlimm wie viele andere Kinder, von denen man gehört hat. Sie wacht nur einmal in der Nacht auf, allerhöchstens zweimal, doch wenn ich einmal aufgewacht bin, um mich um sie zu kümmern, kann ich einfach nicht wieder einschlafen. Der Ärger darüber, daß ich weiß, daß dies wieder passieren wird, macht mich oft ungerechtfertigterweise zornig auf sie. Ich weiß, daß es nicht ihre Schuld ist, aber ich kann nichts dagegen machen.‹

Ärger und Zorn sind für diese Situation sehr verständliche Reaktionen, doch unglücklicherweise verschlimmern sie nur noch die Situation. Wenn Sie wieder in Ihr Bett zurückgehen und innerlich vor Wut darüber kochen, daß Sie mit einem solch schlaflosen Kind gesegnet sind, ist es kaum wahrscheinlich, daß Sie so schnell wieder einschlafen. Eltern, die gelassener reagieren können, sind da beträchtlich im Vorteil.

Es gibt zwei Möglichkeiten, die bewirken, daß Sie nicht so leicht wieder einschlafen. Die eine besteht darin, vor Wut über diese Ungerechtigkeit innerlich zu kochen, und die andere ist, sofort verzweifelte Anstrengungen zu machen, wieder einzuschlafen. Nur wenige Aktivitäten tragen mehr dazu bei, Leute wachzuhalten.

Statt sich ständig herumzuwälzen, versuchen Sie, sich zuerst zu entspannen. Dies können Sie erreichen, indem Sie vielleicht ein paar Seiten in einem Buch oder einer Zeitschrift lesen. Einige Leute hören beruhigende Musik über einen leichtgewichtigen Kopfhörer. Versuchen Sie, alles daran zu setzen, nicht an die Tatsache zu denken, nicht einschlafen zu können, oder daran, daß Sie gleich wieder aufgeweckt werden können. Wenn Sie immer noch zornig auf Ihr Kind sind, lohnt es sich vielleicht, an die angenehmen und lustigen Stunden, die Sie mit Ihrem Kind schon verbracht haben, zu denken. Das hilft meistens, um die Gereiztheit zu verlieren, und während Sie so an Ihren kleinen Engel denken, ist es schon bald nicht mehr das kleine Teufelchen, das es vorher zu sein schien.

Wenn die Entspannung für Sie ein Problem ist, kann ein Yogakurs sehr hilfreich sein, und es gibt kleine Entspannungsübungen, die Sie allein machen können. Damit kann fast jeder die überspannte Feder wieder etwas lockerlassen. Üben Sie regelmäßig, so daß Sie sie immer dann anwenden können, wenn Sie gerade sehr verspannt sind, nicht nur zum Einschlafen. Wenn Sie einmal diese Kunst der Entspannung beherrschen, können Sie sie anwenden, wann Sie wollen, doch wenn Sie vorher nicht geübt haben, wird sich ein entspannter Zustand viel schwerer erreichen lassen.

Für eine der lohnendsten Übungen sollten Sie bequeme Kleidung tragen und sich entweder auf den Boden oder ein Bett legen. Versuchen Sie nun, die Gesichtsmuskeln so fest wie möglich anzuspannen und dann wieder zu lockern. Nehmen Sie sich alle Muskeln der Reihe nach vor: Stirnrunzeln, Augendrehen, das Gebiß zusammenbeißen, mit der anschließenden Lockerung.

Wenn Sie so die Gesichtsmuskeln entspannt haben, heben Sie nun den Kopf hoch und lassen Sie ihn wieder fallen. Als nächstes entspannen Sie ihre Schulterpartie. Beginnen Sie damit, indem Sie die Schultern auf den Boden oder das Bett pressen und wieder loslassen. Nun sind die Finger und Arme dran, die Technik ist sehr ähnlich. Strecken Sie sie seitlich aus, spannen Sie sie so fest wie möglich an und dann lassen Sie wieder los. Schließlich heben Sie ihre Beine an, etwa 30 Sekunden lang, und spannen dabei die Muskeln an. Dann lockern Sie

sie auf einmal und lassen die Beine auf den Boden zurückfallen.
Wenn Sie diese Übung machen, entspannen Sie Beine, Arme, Nacken, Stirn, Augen und das Kiefergelenk eins nach dem anderen etwa zehn Minuten lang und lassen sie darauf eine kurze Zeit völliger Entspannung folgen. Labortests haben gezeigt, daß eine solche Zeit konzentrierter Entspannung hilfreicher sein kann als Beruhigungsmittel, dazu ohne Nebenwirkungen und mit dem Vorteil, daß die Anwendung immer möglich ist, wenn man es braucht. Sie werden bald in der Lage sein, in Ihr Bett zurückzukehren, alles zu entspannen und in einen ruhigen Schlaf zurückzusinken.
Manche Leute finden langsames, tiefes Atmen zur Entspannung sehr hilfreich. Um dies zu üben, müssen sie etwa eine Minute lang einfach mit der halben Geschwindigkeit wie sonst langsam und tief atmen. Wenn Ihnen schwindelig wird, hören Sie auf. Sie haben dann wahrscheinlich noch zu schnell geatmet. Wenn Sie das langsame, tiefe Atmen mit der Entspannung der Muskeln verbinden können, haben Sie davon einen noch größeren Nutzen.
Es kann auch an noch einfacheren Gründen liegen, warum Sie nicht einschlafen können, wie zum Beispiel, daß Ihnen zu kalt ist oder daß Sie ein unbequemes Bett haben. Vielleicht liegt hierin die Antwort. Es gibt auch noch andere Hilfsmittel für besseren Schlaf wie z. B. eine Schlafbrille oder ein Duftkissen aus Hopfen. Probieren Sie alles aus, was Ihnen vielleicht hilft. Sie können nichts außer Ihr Geld verlieren.
Ich kann mich in diesem Kapitel nicht mit allen Schlafproblemen von Erwachsenen befassen, sondern nur mit denen, die in Beziehung zu den Schlafproblemen der Kinder stehen. Es sind jedoch einige hervorragende Bücher zu diesem Thema auf dem Markt.
Wenn Sie sich noch einmal den Abschnitt zur Schlafforschung durchlesen, werden Sie feststellen, daß sie unterschiedliche Qualität von gestörtem und ungestörtem Schlaf untersucht hat. Gestörter Schlaf, selbst wenn er in der Summe acht oder mehr Stunden ergibt, bedeutet mehr Müdigkeit als sechs Stunden ungestörten Schlafes. Bedenken Sie die Implikationen eines

solchen Forschungsergebnisses. Wenn Sie es schaffen, sechs Stunden ungestört schlafen zu können, wird es Ihnen am nächsten Tag wesentlich besser gehen. Das ist auch der Grund, warum das »sich Abwechseln«, von dem das eine Paar erzählte (S. 134f.), so sinnvoll ist. Teilen Sie sich die Nächte mit Ihrem Partner auf, so daß sie mindestens jede zweite Nacht sechs ungestörte Stunden hintereinander schlafen können. Dies bringt Ihnen wesentlich mehr Ruhe, als wenn Sie beide jede Nacht zu verschiedenen Zeiten aufstehen.

Wenn es für Sie immer noch unmöglich ist, genügend Schlaf während der Nacht zu bekommen, versuchen Sie am Tag ein Nickerchen zu machen. Selbst wenn es nur ein paar Minuten sind, kann dies schon helfen. Für viele Eltern ist die ideale Zeit dafür, wenn im Fernsehen eine Vorschulsendung läuft. Ihr Kind ist ganz mit der Geschichte beschäftigt und Sie können sich derweil ein paar Minuten wohlverdienten Schlafes gönnen. Ärzte, die in langen Schichten im Krankenhaus arbeiten und dabei naturgemäß gestörte Nächte haben, sagen, daß sie sich dadurch am besten aufrecht halten, indem sie immer dann schlafen, wenn sie gerade können. Wenn es für diese Leute funktioniert, können Sie sich sicherlich auch darauf einstellen.

Wenn Sie schließlich mit philosophischen Augen die ganze Sache betrachten können, finden Sie auch positive Seiten daran, daß sie weniger schlafen. Wenn Sie nur eine Stunde jeden Tag am Morgen früher aufstehen, gewinnen Sie schon 365 Extrastunden potentiell nützlicher Zeit pro Jahr. Ob Sie es glauben oder nicht, dies sind neun Vierzig-Stunden-Wochen pro Jahr. Ich weiß nicht, was Sie mit dieser Extrazeit anfangen würden, doch ich fand ihren Wert unschätzbar. Ich habe sogar – obwohl meine Kinder nicht mehr an Schlafproblemen leiden, diese Gewohnheit, eine Stunde früher jeden Tag aufzustehen, beibehalten. Diese Zeit reichte gerade aus, um dieses Buch schreiben zu können.

Schlußfolgerung

Wenn ein Baby geboren wird, betrachten es seine Eltern als winziges, zerbrechliches und hilfloses Geschöpf. Sie fragen sich sogar manchmal, ob es die vielen Gefahren der Kindheit überleben kann. Nach ein paar Monaten schlafloser Nächte jedoch wird diese Sorge eher durch die Frage ersetzt, ob sie – und nicht das Baby – dies noch sehr viel länger überleben können.

Ich hoffe, daß dieses Buch Ihnen als Anleitung gedient hat, wie Sie mit dem Problem umgehen können, aber auch Alternativen aufgezeigt hat, die Problematik neu zu überdenken. Es sind viele Faktoren zu berücksichtigen und nach dem Lesen dieses Buches werden Sie die meisten der folgenden Punkte schon betrachtet haben, obwohl dies nicht bedeutet, daß sie auch schnell und leicht beantwortet werden können.

- Gibt es wirklich ein Problem oder stellen Sie an Ihr Kind nicht zu hoch gegriffene und unrealistische Erwartungen?
- Was ist genau das Problem?
- Wann fing es an?
- Gibt es eine körperliche Ursache, die dem Problem zugrunde liegt, wie etwa Ekzeme oder andere Beschwerden, die behandelt werden können?
- Kann man irgendeine Ursache herauskristallisieren, die das Problem ins Rollen brachte, oder gibt es Faktoren, die es verlängern?
- Tun Sie selbst irgend etwas dazu, was das Problem schlimmer macht, wie zum Beispiel das Hereinstürzen ins Schlafzimmer beim ersten Wimmern?
- Welche Vorteile zieht Ihr Kind daraus, aufzuwachen oder nicht einzuschlafen?
- Ziehen Sie irgendwelche Vorteile aus der jetzigen Situation?
- Welche Wirkung hat das Aufwachen auf die Familie?
- Was geschieht, wenn das Kind bei Verwandten oder Freunden schläft? Verschwindet dann das Problem? Wenn es das tut, müßten Sie auf alle Fälle weiter nachforschen, was geschieht, wenn es bei Ihnen ist.
- Können Sie Ihr Zu-Bett-Geh-Ritual oder die Schlafumgebung Ihres Kindes verändern?

- Haben Sie eine Lösung gefunden, haben aber ein schlechtes Gewissen dabei?

Sie werden sich Ihre Gedanken darüber gemacht haben, wen Sie um Rat fragen sollen, welche Medikamente Sie dem Kind geben können und welche nicht, oder wie Sie durch einfache Konditionierungstechniken das Problem zu lösen versuchen. Sie sollten sich jetzt auch im klaren darüber sein, welch ein großes Problem es für manche Eltern darstellt, und Sie werden vielleicht nun wissen, daß viele Schlafprobleme eine ganze normale Angelegenheit sind, die nicht wie eine Krankheit behandelt werden müssen. Ich hoffe auch, daß Sie jetzt kein schlechtes Gewissen haben oder zur Auffassung gekommen sind, Ihr Kind sei nicht gut erzogen oder anormal.

Es kann leicht sein, daß Sie es sich nach all den schlaflosen Nächten zweimal überlegen, ob Sie noch mehr Kinder haben wollen. Es gibt aber überhaupt keine Anhaltspunkte darüber, ob das nächste Kind dieselben Probleme haben wird oder nicht, das bleibt dem Zufall überlassen. Wenn Sie für sich beschlossen haben, daß Ihr Verhalten dazu beigetragen hat, das Problem zu verschlimmern, sind Sie das nächste Mal zumindest besser vorbereitet, obwohl Ihnen das nicht garantiert, daß Ihr nächstes Kind ein guter Schläfer sein wird. Für viele Eltern von »schlaflosen« Kindern ist ein weiteres Kind überhaupt kein Thema. Sie haben ja auch nie genug Zeit, die Idee zu erörtern, geschweige denn dazu, die Idee auch »auszuführen«.

Wenn Sie noch mehr Kinder haben wollen, und sich fragen, wie Sie das Problem das nächste Mal verhindern können, ist vielleicht das wichtigste, ein konsequentes Zu-Bett-Geh-Ritual zu entwickeln und auch Ihr Verhalten beim nächtlichen Aufwachen so konsequent wie Sie können zu gestalten. Vielleicht entschließen Sie sich dazu, Ihr Kind mit in Ihr Bett zu nehmen oder für die Technik, die beim älteren Kind schon geholfen hat. Mit einigem Glück wird das Problem nicht wiederkehren; da die Ursachen für Schlafprobleme oft nicht in unserem Einflußbereich liegen, kann dies jedoch nicht garantiert werden.

Trotz allem wird es einige Eltern geben, die Probleme haben werden, bis ihr Kind aus dieser Phase herausgewachsen ist. Es wird Sie – obwohl man es kaum glauben möchte – irgendwann einmal nicht mehr in der Nacht stören, auch wenn es immer noch aufwacht. Das ältere Kind, das in seinem Bett sitzt und liest oder in seinem Zimmer spielt, macht keinem Probleme. Wenn es den Schlaf braucht, wird es sich schon wieder hinlegen. Wenn Sie einmal Ihren Schlaf bekommen, ist die Zeit, in der Sie an Ihren schlaflosen Kindern gelitten haben, endgültig vorbei.

Dies ist mehr als nur frommes Wunschdenken. Ein Arzt aus Edinburgh fand in seiner ausführlichen Untersuchung über Schlafprobleme bei Kindern in seiner Praxis heraus, daß 40% der Kinder nach Angaben ihrer Eltern deutliche Schlafprobleme gehabt hatten. Die gute Nachricht aber lautet, daß die meisten dieser Probleme um den vierten Geburtstag herum aufhörten. Das Problem sollte um den fünften Geburtstag kein Thema mehr sein. Hoffnung ist in Sicht. Sie werden eines Tages vielleicht einmal Probleme damit haben, Ihre Teenager morgens aus dem Bett zu bekommen.

Schlafen Sie gut.

Register

Literatur

In der englischen Originalausgabe werden zahlreiche Hinweise auf englische Veröffentlichungen gegeben. Der deutsche Leser sei auf folgende weiterführende Literatur verwiesen:

Borbély, Alexander: Das Geheimnis des Schlafs. Neue Wege und Erkenntnisse der Forschung. Stuttgart 1984

Coates, Thomas J./Thoresen, Carl E.: Endlich wieder schlafen können. Ohne Medikamente gut schlafen. Salzburg 1982

Huibers, Jaap: Kräuter für den Schlaf. Heilkräuter, Homöopathie und unsere tägliche Nahrung als Therapie bei Schlafstörungen. Freiburg 1979

Nedopil, Norbert/Rüther, Eckart: Kraft schöpfen durch gesunden Schlaf. Ein Ratgeber zur Behebung von Schlafstörungen mit zahlreichen ärztlichen Ratschlägen und praktischen Fallbeispielen. Kissing 1980

Zimmer, Dieter: Wenn wir schlafen und träumen. Die Nachtseite unseres Lebens. München 1984

Arnd Stein

Mein Kind hat Angst

Wie Eltern verstehen und helfen können
168 Seiten. Kartoniert

»Angusti« führt durch dieses Buch und macht die Ängste der Kinder anschaulich.

Jedes Kind hat zuweilen Angst. Das ist ganz normal. Dennoch könnte fast jedes Kind weniger Angst haben, wenn Eltern nicht ratlos vor dem Rätsel Angst stehen würden. In diesem Buch deckt der Autor die manchmal komplizierten Hintergründe kindlicher Ängste auf, indem er die Entwicklungsgeschichte der Angst bis zum »ersten Schrei« zurückverfolgt. Darüber hinaus zeigen zahlreiche Beispiele sowie konkrete Empfehlungen, wie man dem Kind ein (angst)freieres Zuhause schaffen kann. Ein neu entwickelter Test am Ende des Buches gibt Eltern die Möglichkeit, die ganz speziellen Ängste ihres Kindes, aber auch unterschwellige Familienkonflikte »aufzuspüren«.

Kösel-Verlag · München

Ulrike Petermann

Kinder und Jugendliche besser verstehen

Ein Ratgeber bei seelischen Problemen
213 Seiten. Kartoniert

Seelische Probleme bei Kindern und Jugendlichen sind heute keine Seltenheit. Sie können in jeder Familie vorkommen. Oft ist Eltern jedoch gar nicht bewußt, daß ihr Kind unter einem seelischen Problem leidet. Andere Eltern wiederum sind zu besorgt und vermuten hinter den kleinsten Anzeichen bereits psychische Störungen. Beides ist für ein Kind oder einen Jugendlichen nicht hilfreich.
In alphabetischer Anordnung behandelt dieser Ratgeber die häufigsten psychischen Störungen. Die klare Gliederung jedes Stichwortes erleichtert Eltern, Erziehern, Lehrern und allen, die beruflich mit Kindern oder Jugendlichen umgehen, die Handhabung und macht dieses Buch zu einem praktischen Nachschlagewerk.